Paso a paso con...

Oracle RMAN

Angel José Jiménez Gómez

4

Copyrights

Diseño gráfico, estilo y revisiones: srbd.net

Revisión técnica: Juan José Madurga

Edita: Actividades Don Quijote SL, C/ Estación Vía Crucis 1. 13003 Ciudad Real

Primera edición (impreso y electrónico): junio de 2016

ISBN-13: 978-1533390028 Edición Tapa blanda y electrónica

ISBN-10: 1533390029 Edición Tapa blanda y electrónica

ISBN 9798397121996 Edición Tapa dura

El Autor

Angel José Jiménez Gómez es consultor de bases de datos desde el año 2000, fecha en la que comenzó a administrar las bases de datos Oracle 7.3 de la multinacional del sector publicitario Euro RSCG Lorente. Desde entonces ha trabajado como consultor y administrador de bases de datos freelance en diversos proyectos de clientes como Telefónica de España, IBM Global Services, 360neo, Terra Networks, Ilustre Colegio de Abogados de Madrid, Metro de Lisboa, Grupo Caja Rural, Everis, Cojali, etc. Además ha impartido cursos de formación para Jazztel, Cap Gemini, Telefónica de España, Everis, Repsol, Cojali... Tiene las certificaciones OCP de Oracle Database, OCE en SQL Oracle, OCP de Oracle MySQL, MTA de Microsoft SQL Server y CDA de IBM DB2 LUW. Actualmente está realizando diversos proyectos para clientes de la consultora internacional Everis como Correos, Instituto de Crédito Oficial, Orange, Securitas Direct, Adif, Universidad de Castilla La Mancha, etc.

Revisores

Juan José Madurga.

Es consultor y lleva trabajando con bases de datos Oracle desde el año 2000. Tiene varias certificaciones OCP de Oracle Database y ha trabajado para Oracle Consulting y para Oracle Support entre otros, además de colaborar como freelance en varios proyectos, aportando soluciones en rendimiento y gestión de Warehouses y Very Large Databases entre otros. Actualmente colabora con IBM en diferentes proyectos.

COPYRIGHTS 6

EL AUTOR 7

REVISORES 8

INTRODUCCIÓN. 16

PARTE I 19

    INTRODUCCIÓN AL CATÁLOGO DE RMAN. 21
    REQUISITOS. 21
    CREACIÓN Y CONFIGURACIÓN DEL CATÁLOGO DE RMAN. 23
    REGISTRAR UNA BASE DE DATOS EN EL CATÁLOGO DE RMAN. 24
    DESREGISTRAR UNA BASE DE DATOS DEL CATÁLOGO DE RMAN. 24
    ELIMINACIÓN DEL CATÁLOGO DE RMAN. 25
    ACTUALIZACIÓN DE VERSIÓN DEL CATÁLOGO DE RMAN. 25

PARTE II 29

    INTRODUCCIÓN A RMAN. 31
    CONFIGURACIÓN DE RMAN. 31
    OPCIONES DE BACKUP Y RESTORE. 33
        Bloques de ejecución. 33
        Uso de canales. 33
        Llamadas al sistema operativo. 34
        Uso de variables. 35
        Palabras reservadas. 36
    BACKUP. 39
        Backup completo. 41
        Backup incremental. 41
        Backup acumulativo. 42
        Eliminación de backups. 42
        Otros tipos de backup. 43
    RESTORE. 44
        Restore completo. 44
        Restore de un Tablespace. 45
        Restore de un datafile. 45
        Restore del controlfile. 45
    VALIDACIÓN. 47

PARTE III 50

    INTRODUCCIÓN. 52
    EJEMPLOS DE OPERACIONES CON EL CATÁLOGO 52
        Importar todos los metadatos de un catálogo en otro catálogo. 52

Importar un conjunto de metadatos de otro catálogo en nuestro catálogo. 53
Resincronizar el catalogo en modo ARCHIVELOG. 53
Resincronizar el catalogo desde una copia del CONTROLFILE. 54
Resincronizar el catalogo después de un cambio estructural de la base de datos. 54
Actualizar el DB_UNIQUE_NAME en el catálogo de RMAN. 54
Catalogar todos los archivos de un backup. 55
Catalogar un backuppiece. 56
Descatalogar y recatalogar los ficheros del archivado. 56
Cambiando a una encarnación previa de RMAN en modo NOCATALOG...56
EJEMPLOS DE BACKUPS..58
Backup y borrado de archivelog. 58
Backup multiplexado. 59
Backup incremental para refrescar una base de datos Standby................59
Backup con tolerancia a corrupciones. 59
Backup consistente para ser archivado. 60
Cambiar un backup para ser archivado. 60
Backup parcial. 61
Backup no disponible temporalmente. 62
Listar backups. 62
Listar copias de archivos de la base de datos. 63
Listar encarnaciones. 63
Listar errores...64
Reparar errores...64
Previsualizar una reparación de errores. 66
Script para backup actualizado incremental. 66
Crear múltiples copias de un backup en cinta................................67
Copiar el archivelog desde filesystem a ASM................................67
Almacenar el backup en ASM. 67
SCRIPTS ALMACENADOS...68
Crear un script local. 68
Crear un script global...69
Uso de variables de sustitución..69
Modificar un script local. 70
Modificar un script global..70
Listar scripts...71
Ejecutar un script. 71
REPORTS. 73
Esquema de base de datos. 73
Datafiles que necesitan backup incremental. 73
Backups obsoletos. 74

EJEMPLOS DE VERIFICACIÓN Y VALIDACIÓN DE BACKUPS. 75
   Crosscheck de backups en múltiples dispositivos de almacenamiento. 75
   Crosscheck en Oracle RAC. 76
   Crosscheck de todos los archivelogs de un nodo de un RAC. 76
   Crosscheck de backups realizados entre dos fechas. 76
   Previsualización de una restauración. 77
   Validación de un backup. 77
   Validación de una restauración. 78
   Validación de una base de datos y recuperación de bloques corruptos. ...78
EJEMPLOS DE RESTAURACIONES. 80
   Corrección automática de errores. 80
   Restaurar en el tiempo. 81
   Restaurar datafiles en una ubicación distinta. 82
   Cambiar el nombre a los datafiles para restaurarlos en otra ubicación. ...82
   Restaurar una base de datos en otro servidor. 83
   Restauración en plataformas de sistema operativo distintas. 94
FICHEROS DE COMANDOS. 104
   Ejecutar un fichero de comandos de RMAN desde el sistema operativo. 104
   Ejecutar un fichero de comandos de RMAN desde dentro de RMAN. 104
CONEXIONES A RMAN. 106
   Conectar a RMAN sin utilizar el catálogo. 106
   Conectando a las bases de datos target, catálogo de recuperación y
   auxiliar. 106
CONFIGURACIÓN DE RMAN. 108
   Configuración de los dispositivos de almacenamiento. 108
   Configuración de la política de retención. 108
   Configuración de canales automáticos en Oracle RAC. 109
   Configuración del autobackup del controlfile. 109
   Configuración para bases de datos en standby (Dataguard). 110
   Configuración del algoritmo de compresión. 111
   Configuración de la ruta por defecto para backups en disco. 111
   Configuración del tamaño máximo de cada archivo del backup. 112
MIGRAR DE ALMACENAMIENTO CON RMAN. 113
   Migrar datafiles desde filesystem a ASM en local. 113
   Migrar datafiles desde ASM a filesystem en local. 113
   Configurando nombres de archivos auxiliares en una duplicación. 114
DUPLICACIÓN DE BASES DE DATOS. 115
   Duplicar una base de datos. 115
   Duplicar una base de datos en otro host con la misma estructura de
   directorios. 121
   Duplicar una base de datos en otro host con la misma estructura de
   directorios sin conectar a la base de datos origen. 121

Duplicar una base de datos en otro host con la misma estructura de directorios sin conectar a la base de datos origen ni al catálogo de RMAN. *122*

Duplicar una base de datos sin ASM en una con ASM en un host diferente. *123*

FLASHBACK CON RMAN. *129*

Flashback de una base de datos a un SCN específico. *129*

Flashback de una base de datos de un punto de restauración. *130*

ELIMINACIÓN DE BACKUPS. *131*

Eliminar backups expirados. *131*

Eliminar backups obsoletos. *131*

Eliminar backups de archivado. *131*

Forzar la eliminación de un backup. *132*

Eliminar una base de datos y sus backups. *133*

MULTITENANT. *134*

Backup completo. *134*

Backup una container database (CDB). *134*

Backup de una pluggable database (PDB) *134*

Backup de dos o más pluggables databases (PDBs) *135*

Backup de tablespaces de una o más pluggables databases (PDBs) *135*

Recuperación completa. *135*

Recuperación de una container database (CDB). *136*

Recuperación de una pluggable database (PDB). *136*

Recuperación de dos o más pluggable databases (PDBs). *136*

Recuperación de tablespaces de una Pluggable Database (PDB). *137*

Recuperación de tablespaces de una Pluggable Database (PDB) cambiando el nombre del tablespace. *137*

Recuperación de tablas en diferente tablespace. *137*

Recuperación y renombrado de tablas. *138*

Recuperación de una o varias de tablas en un esquema diferente. *138*

Recuperación y renombrado de particiones de tablas. *139*

Recuperación de una o varias particiones de tablas en un esquema diferente. *139*

Flashback de una pluggable database (PDB) en un punto en el tiempo. ..*140*

GLOSARIO DE TÉRMINOS. **144**

BIBLIOGRAFÍA. **156**

Introducción.

En esta guía el lector no encontrará literatura con definiciones y teoría que expliquen cómo y por qué los backups realizados con Oracle RMAN funcionan y se comportan de una forma determinada, para eso existe la documentación oficial del producto y multitud de libros que se afanan en explicarlo más llanamente con mayor o menor acierto.

Esta guía es una guía de apoyo totalmente práctica, donde se detallan con unas breves explicaciones todos y cada uno de los pasos que hay que realizar para poder efectuar cualquiera de las tareas que en ella son abarcadas.

En definitiva, esta guía está diseñada para que cualquier DBA, con independencia de su nivel y experiencia, pueda llevar a cabo de forma totalmente satisfactoria la creación de un catálogo de RMAN, realizar su configuración y mantenimiento, así como poder ejecutar diferentes tipos de backups y sus restauraciones utilizando la herramienta RMAN de Oracle.

La guía está dividida en tres partes.

- La primera parte está dedicada íntegramente al catálogo RMAN. En ella se tratan aspectos como los requisitos mínimos para poder crear el catálogo, su mantenimiento, su actualización a una versión superior o su eliminación definitiva.

- La segunda parte está dedicada a la utilización básica de RMAN. Aquí se tratan aspectos como una breve explicación de los distintos tipos de backups que se pueden realizar con RMAN, sus opciones o como ejecutar backups y restauraciones básicas y/o frecuentes.

- La tercera y última parte es la más "jugosa" pues contiene los ejemplos más avanzados, entre configuraciones, backups y restores en diferentes situaciones, como por ejemplo recuperaciones en servidores diferentes, recuperación de instancias sin archivado, duplicación de instancias, migraciones de filesystem a ASM, y un largo etcétera.

Entrando un poco en materia, hay que indicar que la herramienta Oracle RMAN está instalada por defecto en cualquier versión del motor de base de datos Oracle, por lo que no necesita descargarse ni instalarse previamente para poder ser utilizada, tan solo es necesario configurarla de forma adecuada, crear una serie de scripts y programar su ejecución en la ventana horaria habilitada para tal fin.

El backup realizado con Oracle RMAN está catalogado como un backup físico en caliente, ya que solo copia ficheros de la base de datos (datafiles, spfile, controlfile y archivado) sin necesidad de parar la base de datos.

Todos los procedimientos y ejemplos descritos en esta guía, aunque en su mayoría pueden funcionar en versiones anteriores de Oracle, solo ha sido verificado su funcionamiento para las versiones comprendidas entre 11g y 19c de Oracle Database.

Para facilitar la comprensión del lector, al final del libro hay una sección que contiene un glosario con todos los términos técnicos utilizados en esta guía.

Parte I

Catálogo de RMAN

Introducción al catálogo de RMAN.

El catálogo de RMAN es un repositorio almacenado en un esquema de usuario, y debe ser alojado en una instancia de base de datos separada e independiente del resto de instancias que den soporte a otras aplicaciones. En el catálogo es donde se almacenará toda la operativa relacionada con los backups y restores realizados con Oracle RMAN sobre las instancias de base de datos que queremos salvaguardar.

Otra particularidad del catálogo es que la instancia que lo aloje, debe tener la misma versión del motor de Oracle (8.X.X.X, 9.X.X.X, 10.X.X.X, 11.X.X.X, 12.X.X.X, ...) que el de las instancias de base de datos de las que se pretende hacer backup, de lo contrario no se podrán realizar backups o restauraciones, y se obtendrá el mensaje de que es necesario realizar un upgrade o downgrade del catálogo.

En cuanto a las necesidades de configuración y almacenamiento de la instancia de base de datos que vaya a contener el catálogo de RMAN, no se precisa una configuración especial ni un gran espacio de almacenamiento, aunque lógicamente esto último depende del número de instancias que haya registradas en el catálogo de RMAN. Por norma general las instancias de base de datos que contienen el catálogo de RMAN suelen ser instancias muy pequeñas y fáciles de mantener.

Requisitos.

Para poder crear un catálogo de Oracle RMAN 19c, se precisa como mínimo:

Un servidor Unix/Linux[1]

- 2 CPU
- 4Gb de RAM
- 30Gb de almacenamiento
    - 10Gb para ORACLE_BASE
    - 10Gb para ORACLE_HOME
    - 10Gb para la base de datos[2]
- 4Gb de SWAP
- 2Gb de /tmp

Una instancia de base de datos Oracle 19c

- Instalada en modo Single Instance
- 2Gb de SGA

---

[1] Aunque Oracle Database también funciona en otras plataformas de sistema operativo como Microsoft Windows, no se recomienda utilizar esta plataforma para Oracle RMAN por la falta de estabilidad y alto consumo de recursos por parte del sistema operativo. Oracle RMAN, al igual que otras herramientas de backup, tiene un consumo alto de CPU y no debe competir con el sistema operativo u otras aplicaciones por su utilización.

[2] El almacenamiento destinado a la base de datos puede ser de tipo filesystem o pertenecer a uno o mas diskgroups de una instancia ASM.

Creación y configuración del catálogo de RMAN.

En esta sección vamos a describir con ejemplos como se crea y configura el catálogo de Oracle RMAN. El procedimiento es idéntico para cualquiera de las versiones de Oracle que hay hasta la fecha.

En la instancia de base de datos que se designe para contener el catálogo de RMAN realizaremos los siguientes pasos:

En primer lugar y de forma previa, hay que exportar la variable `ORACLE_SID` con el `SID` de la base de datos que contendrá el catálogo de RMAN.

```
[oracle@linux] export ORACLE_SID=RMAN
```

Una vez hecho esto, nos conectamos a la base de datos y creamos el tablespace que contendrá el catálogo de RMAN.

```
[oracle@linux] sqlplus "/as sysdba"
SQL> create tablespace catalogo datafile
  2  '/oracle/oradata/RMAN/catalogo01.dbf' size 64M autoextend on next 32M maxsize 1024M;
```

A continuación creamos el usuario y le asignamos los privilegios necesarios para poder realizar los backups.

```
SQL> create user rman
  2  identified by rman
  3  default tablespace catalogo temporary tablespace temp
  4  quota unlimited on catalogo;

SQL> grant connect, resource to rman;

SQL> grant recovery_catalog_owner to rman;

SQL> exit;
```

Por último nos conectamos a la aplicación RMAN y creamos el catálogo.

```
[oracle@linux] rman catalog=rman/rman

RMAN> create catalog;
```

Registrar una base de datos en el catálogo de RMAN.

En esta sección vamos a describir con ejemplos como se registra una nueva base de datos en el catálogo de RMAN existente. El procedimiento es idéntico para cualquiera de las versiones de Oracle que hay hasta la fecha.

Para registrar la base de datos debemos tener exportada previamente la variable ORACLE_SID con el valor del SID cuya base de datos queremos registrar en el catálogo de RMAN.

```
[oracle@linux] export ORACLE_SID=PROD
```

Una vez tenemos la variable configurada correctamente, accederemos a la aplicación RMAN y registraremos la base de datos.

```
[oracle@linux] rman target=/ catalog=rman/rman@RMAN
RMAN> register database;
```

Desregistrar una base de datos del catálogo de RMAN.

En esta sección vamos a describir con ejemplos como se desregistra o elimina una base de datos existente del catálogo de RMAN. El procedimiento es idéntico para cualquiera de las versiones de Oracle que hay hasta la fecha.

Para desregistrar la base de datos debemos tener exportada previamente la variable ORACLE_SID con el valor del SID cuya base de datos queremos eliminar del catálogo.

```
[oracle@linux] export ORACLE_SID=PROD
```

Una vez tenemos la variable configurada correctamente, accederemos a la aplicación RMAN y desregistraremos la base de datos.

```
[oracle@linux] rman target=/ catalog=rman/rman@RMAN
RMAN> unregister database;
```

Eliminación del catálogo de RMAN.

En esta sección vamos a describir con ejemplos como se elimina un catálogo de RMAN existente. El procedimiento es idéntico para cualquiera de las versiones de Oracle que hay hasta la fecha.

Para eliminar el catálogo de RMAN debemos tener exportada previamente la variable ORACLE_SID con el valor del SID de la base de datos de RMAN. Una vez tenemos la variable configurada correctamente, accederemos a la aplicación RMAN.

```
[oracle@linux] export ORACLE_SID=RMAN

[oracle@linux] rman catalog=rman/rman
```

Ahora eliminaremos el catálogo.

```
RMAN> drop catalog;
recovery catalog owner is RMAN
enter DROP CATALOG command again to confirm catalog removal

RMAN> drop catalog;
catalog dropped
```

Actualización de versión del catálogo de RMAN.

En esta sección vamos a describir con ejemplos como se actualiza el catálogo de RMAN a una nueva versión de Oracle. El procedimiento es idéntico para cualquiera de las versiones de Oracle que hay hasta la fecha.

Para actualizar la versión del catálogo previamente debemos tener exportada la variable ORACLE_SID con el SID correspondiente a la base de datos de RMAN y entrar a la aplicación RMAN.

```
[oracle@linux] export ORACLE_SID=RMAN

[oracle@linux] rman catalog=rman/rman
```

Una vez realizados estos pasos, se ejecutará el siguiente comando.

```
RMAN> upgrade catalog;
recovery catalog owner is RMAN
enter UPGRADE CATALOG command again to confirm catalog upgrade

RMAN> upgrade catalog;
recovery catalog upgraded to version 11.01.00
DBMS_RCVMAN package upgraded to version 11.01.00
DBMS_RCVCAT package upgraded to version 11.01.00
```

Parte II

Backup y Restore con RMAN

Introducción a RMAN.

En estas secciones vamos a describir con ejemplos como se configura y se realizan las operaciones más habituales de backup y restauración utilizando la aplicación RMAN.

Configuración de RMAN.

La aplicación RMAN posee una configuración por defecto ya almacenada en el catálogo de recuperación. Esta configuración es totalmente personalizable y adaptable a las necesidades de nuestra política de backup.

Para ver la configuración utilizaremos el comando SHOW ALL.

```
[oracle@linux] export ORACLE_SID=PROD

[oracle@linux] rman target=/ catalog=rman/rman@RMAN

RMAN> show all;

RMAN configuration parameters for database with db_unique_name PROD are:

CONFIGURE RETENTION POLICY TO REDUNDANCY 1; # default

CONFIGURE BACKUP OPTIMIZATION OFF; # default

CONFIGURE DEFAULT DEVICE TYPE TO DISK; # default

CONFIGURE CONTROLFILE AUTOBACKUP ON;

CONFIGURE CONTROLFILE AUTOBACKUP FORMAT FOR DEVICE TYPE DISK TO '/disk1/oracle/dbs/%F';

CONFIGURE CONTROLFILE AUTOBACKUP FORMAT FOR DEVICE TYPE SBT_TAPE TO '%F'; # default

CONFIGURE DEVICE TYPE DISK PARALLELISM 1 BACKUP TYPE TO BACKUPSET; # default

CONFIGURE DEVICE TYPE SBT_TAPE PARALLELISM 1 BACKUP TYPE TO BACKUPSET; # default

CONFIGURE DATAFILE BACKUP COPIES FOR DEVICE TYPE DISK TO 1; # default

CONFIGURE DATAFILE BACKUP COPIES FOR DEVICE TYPE SBT_TAPE TO 1; # default

CONFIGURE ARCHIVELOG BACKUP COPIES FOR DEVICE TYPE DISK TO 1; # default

CONFIGURE ARCHIVELOG BACKUP COPIES FOR DEVICE TYPE SBT_TAPE TO 1; # default

CONFIGURE CHANNEL DEVICE TYPE 'SBT_TAPE'
  PARMS "SBT_LIBRARY=/usr/local/oracle/backup/lib/libobk.so";

CONFIGURE MAXSETSIZE TO UNLIMITED; # default

CONFIGURE ENCRYPTION FOR DATABASE ON;

CONFIGURE ENCRYPTION ALGORITHM 'AES128'; # default

CONFIGURE ARCHIVELOG DELETION POLICY TO NONE; # default

CONFIGURE SNAPSHOT CONTROLFILE NAME TO '/disk1/oracle/dbs/cf_snap.f'
```

Para cambiar la configuración de los valores que RMAN tiene por defecto, basta copiar la línea que queremos cambiar y modificar su valor.

```
RMAN> CONFIGURE RETENTION POLICY TO RECOVERY WINDOW OF 14 DAYS;
RMAN> CONFIGURE BACKUP OPTIMIZATION ON;
```

Opciones de backup y restore.

En esta sección se describe cómo utilizar ciertas opciones para personalizar la forma de realizar o recuperar un backup.

Las formas de trabajo expuestas en esta sección son opcionales, es decir, no son obligatorias a la hora de realizar un backup o un restore, pudiéndose ejecutar directamente los comandos de backup o restore, debido a que RMAN tiene una configuración por defecto almacenada.

Bloques de ejecución.

Los bloques de ejecución son utilizados para agrupar dos o más comandos de backup o restore. La utilización de los bloques de ejecución es obligatoria cuando se desea utilizar una configuración distinta a la que tiene puesta por defecto RMAN sin alterarla, por ejemplo, si en la configuración de RMAN está indicado que los backups se realizan en una unidad de cinta, y nos interesa realizar uno puntual a disco, o si durante la recuperación de un backup deseamos cambiar la ubicación y/o nombre de los datafiles de uno o más tablespaces.

Los bloques de ejecución están formados por el comando RUN y dos llaves {}. Entre las llaves se especificarán todos los comandos que queramos utilizar en el bloque de ejecución finalizando cada uno por punto y coma ";".

```
RUN {
COMANDO 1;
COMANDO 2;
...
COMANDO N;
}
```

Uso de canales.

Los canales son los elementos que utiliza RMAN para conectar con la parte física del backup, es decir del disco o de la cinta. Estos canales se abren y cierran de forma automática siempre que se utilice la configuración por defecto de RMAN, pero es frecuente verlos en scripts de backup y restore, ya que detallan la forma en la que se ha realizado la operación o el formato del backup que se ha utilizado.

Si se utilizan los canales de forma manual, es obligatorio que todas las sentencias que compongan el backup o restore vayan encerradas en un bloque de ejecución:

```
[oracle@linux] export ORACLE_SID=PROD

[oracle@linux] rman target=/ catalog=rman/rman@RMAN

RMAN> RUN {
2> ALLOCATE CHANNEL disk1 DEVICE TYPE DISK FORMAT '/disk1/%U';
3> ALLOCATE CHANNEL disk2 DEVICE TYPE DISK FORMAT '/disk2/%U';
4> BACKUP DATABASE PLUS ARCHIVELOG;
5> }
```

También es frecuente ver en los comandos de los canales, la utilización de variables o parámetros para indicar donde está ubicado un archivo de configuración de cinta.

```
[oracle@linux] export ORACLE_SID=PROD

[oracle@linux] rman target=/ catalog=rman/rman@RMAN

RMAN> RUN {
2> ALLOCATE CHANNEL disk1 DEVICE TYPE sbt PARMS 'ENV=(OB_DEVICE_1=stape2)' ;
3> BACKUP DATABASE;
4> }
```

Llamadas al sistema operativo.

RMAN permite ejecutar comandos del sistema operativo y hacer "salidas" temporales al terminal del sistema operativo desde dentro de la propia herramienta de RMAN utilizando el comando HOST.

Salida temporal al prompt del sistema operativo.

```
[oracle@linux] export ORACLE_SID=PROD

[oracle@linux] rman target=/ catalog=rman/rman@RMAN

RMAN> HOST;

[oracle@linux] ls /oracle/oradata/users.dbf
/oracle/oradata/users.dbf
```

```
[oracle@linux]  exit
exit
host command complete
```

RMAN>

Ejecución de comandos del sistema operativo desde RMAN.

```
[oracle@linux]  export ORACLE_SID=PROD
```

```
[oracle@linux]  rman target=/ catalog=rman/rman@RMAN
```

RMAN> HOST 'ls /oracle/oradata/users.dbf';
/oracle/oradata/users.dbf

RMAN>

Uso de variables.

RMAN al igual que sqlplus y otras herramientas de Oracle, permite utilizar variables de sustitución en sus scripts, usando para ello el carácter `&n`, donde `n` es el número de orden del parámetro.

Por ejemplo, tenemos un script llamado `backup_full.rman` con el siguiente contenido.

```
BACKUP TAG &1 COPIES &2 DATABASE;
EXIT;
```

A la hora de ejecutar el script desde RMAN, se le invocará añadiendo tantos argumentos como variables de sustitución hayan sido utilizadas dentro del script, y en el orden numérico empleado. Siguiendo con nuestro ejemplo, la ejecución se realizaría de la siguiente forma, utilizando como primer argumento (Q106) para ser utilizado con la variable `&1` y el segundo argumento (2) con la variable `&2`.

```
RMAN> @/tmp/backup_full.rman Q106 2
```

Para aclarar más aún la ejecución, el siguiente ejemplo muestra cual sería el contenido del script `backup_full.rman` sin el uso de variables.

```
BACKUP TAG Q106 COPIES 2 DATABASE;
EXIT;
```

Y su invocación equivalente desde RMAN sería la siguiente.

```
RMAN> @/tmp/backup_full.rman
```

La diferencia entre ambos ejemplos es obvia, el uso de variables de sustitución en el primer ejemplo, permite que se pueda utilizar el mismo script para indicar otras etiquetas y número de copias sin necesidad de modificar el script.

Palabras reservadas.

RMAN contiene numerosas palabras reservadas que son utilizadas en sus comandos. Conviene saber, o al menos tener localizadas, cuales son con el fin de evitar errores sintácticos que en un momento de criticidad podamos pasar por alto y nos hagan perder un tiempo valioso.

En algunos casos resulta muy difícil no utilizar una palabra reservada, bien porque se haya utilizado en un tablespace, o en un tag, o en un fichero. En este caso podemos utilizar la palabra, siempre que la encerremos entre comillas simples o dobles. Por ejemplo.

```
ALLOCATE CHANNEL backup DEVICE TYPE DISK;        # incorrecta
ALLOCATE CHANNEL "backup" DEVICE TYPE DISK;      # correcta
BACKUP DATABASE TAG full;                        # incorrecta
BACKUP DATABASE TAG 'full';                      # correcta
```

A continuación se muestra un listado con todas las palabras reservadas en RMAN. Para conocer la función de cada una de ellas hay que consultar la documentación oficial de Oracle RMAN (ver enlace en la bibliografía).

A-C		C-D	D-L	L-P	P-S	S-W
'		CHANGE	DURATION	LOGSEQ	PARALLELMEDIARESTORE	SECTION
#		CHANNEL	ECHO	LOGS	PARALLEL	SEND
(		CHECKSYNTAX	ENCRYPTION	LOG	PARAMETER	SEQUENCE
)		CHECK	EXCLUDE	LOGSCN	PARAMETER_VALUE_CONVERT	SETLIMIT
\		CLEAR	EXECUTE	LOW	PARMS	SETSIZE
{		CLONENAME	EXIT	MAINTENANCE	PARTIAL	SET
}		CLONE	EXPIRED	MASK	PASSWORD	SHIPPED
<<<		CLONE_CF	EXPORT	MAXCORRUPT	PFILE	SHOW
>>>		CLOSED	FAILOVER	MAXDAYS	PIPE	SHUTDOWN
;		CMDFILE	FAILURE	MAXOPENFILES	PLATFORM	SINCE
&		COMMAND	FILESPERSET	MAXPIECESIZE	PLSQL	SIZE

A-C	C-D	D-L	L-P	P-S	S-W
	COMMENT	FILES	MAXSEQ	PLUS	SKIP
'	COMPATIBLE	FILES	MAXSETSIZE	POINT	SLAXDEBUG
=	COMPLETED	FINAL	MAXSIZE	POLICY	SNAPSHOT
^	COMPRESSED	FLASHBACK	METHOD	POOL	SPFILE
@	COMPRESSION	FORCE	MINIMIZE	PREVIEW	SPOOL
.	CONFIGURE	FOREIGN	MISC	PRIMARY	SQL
;	CONNECT	FOREVER	MOUNT	PRINT	STANDBY
ABORT	CONSISTENT	FORMAT	MSGLOG	PRIORITY	STARTUP
ACCESSIBLE	CONTROLFILECOPY	FOR	MSGNO	PRIVILEGES	START
ACTIVE	CONTROLFILE	FROM	M	PROXY	STEP
ADVISEID	CONVERT	FULL	NAMES	PUT	SUMMARY
ADVISE	COPIES	GET	NAME	QUIT	SWITCH
AES128	COPY	GLOBAL	NEED	RATE	TABLESPACES
AES192	CORRUPTION	HIGH	NEW-LINE	RCVCAT	TABLESPACE
AES256	CREATE	GRANT	NEWNAME	RCVMAN	TAG
AFFINITY	CRITICAL	GROUP	NEW	READONLY	TARGET
AFTER	CROSSCHECK	GUARANTEE	NOCATALOG	READRATE	TDES168
ALGORITHM	CUMULATIVE	G	NOCFAU	RECALL	TEMPFILE
ALLOCATE	CURRENT	HEADER	NOCHECKSUM	RECOVERABLE	TEST
ALLOW	DATABASE	HIGH	NODEVALS	RECOVERY	THREAD
ALL	DATAFILECOPY	HOST	NODUPLICATES	RECOVER	TIMEOUT
ALTER	DATAFILE	IDENTIFIED	NOEXCLUDE	REDUNDANCY	TIMES
AND	DATAPUMP	IDENTIFIER	NOFILENAMECHECK	REGISTER	TIME
APPEND	DAYS	ID	NOFILEUPDATE	RELEASE	TO
APPLIED	DBA	IMMEDIATE	NOKEEP	RELOAD	TRACE
ARCHIVELOG	DBID	IMPORT	NOLOGS	REMOVE	TRANSACTIONAL
AREA	DB_FILE_NAME_CONVERT	INACCESSIBLE	NOMOUNT	RENORMALIZE	TRANSPORT
AS	DB_NAME	INCARNATION	NONE	REPAIRID	TYPE
AT	DB_RECOVERY_FILE_DEST	INCLUDE	NOPARALLEL	REPAIR	UNAVAILABLE
ATALL	DB_UNIQUE_NAME	INCLUDING	NOPROMPT	REPLACE	UNCATALOG
AUTOBACKUP	DEBUG	INCREMENTAL	NOREDO	REPLICATE	UNDO
AUTOLOCATE	DECRYPTION	INPUT	NORMAL	REPORT	UNLIMITED
AUXILIARY	DEFAULT	INSTANCE	NOT	RESETLOGS	UNRECOVERABLE
AUXNAME	DEFINE	IO	NO	RESET	UNREGISTER
AVAILABLE	DELETE	JOB	NULL	RESTART	UNTIL
BACKED	DELETION	KBYTES	OBSOLETE	RESTORE	UPGRADE
BACKUPPIECE	DESTINATION	KEEP	OFFLINE	RESTRICTED	UP
BACKUPSET	DETAIL	KRB	OFF	RESYNC	USING
BACKUPS	DEVICE	K	OF	RETENTION	VALIDATE
BACKUP	DIRECTORY	LEVEL	ONLY	REUSE	VERBOSE
BEFORE	DISKRATIO	LIBPARM	ON	REVOKE	VIRTUAL
BETWEEN	DISK	LIBRARY	OPEN	RPCTEST	WINDOW
BLOCKRECOVER	DISPLAY	LIKE	OPTIMIZATION	RPC	WITH
BLOCKS	DORECOVER	LIMIT	OPTION	RUN	
BLOCK	DROP	LIST	ORPHAN	SAVE	
BY	DUMP	LOAD	OR	SCHEMA	
CANCEL	DUPLEX	LOGFILE	PACKAGES	SCN	
CATALOG	DUPLICATE	LOGICAL	PARALLELISM	SCRIPT	

Backup.

En esta sección vamos a describir con ejemplos como se realizan los diferentes tipos de backups, y las operaciones de mantenimiento de los mismos utilizando RMAN.

Actualmente existen tres tipos de backups:

- Completo. Este tipo de backup realiza una copia completa de la base de datos.

- Incremental. Este tipo de backup realiza una copia incremental de la base de datos o de sus objetos, es decir, copia toda la información que haya cambiado desde el último backup completo/incremental (nivel 0) o incremental (nivel 1) que se haya realizado. En este tipo de backups, existen dos niveles:

  o Nivel 0. Este tipo de backup equivale a un backup completo, pero a diferencia del backup completo, este solo copia los objetos especificados y no la base de datos completa.

  o Nivel 1. Este tipo de backup realiza una copia solo de los objetos que hayan sido modificados desde el ultimo backup de nivel 0 o 1, el más reciente de ambos.

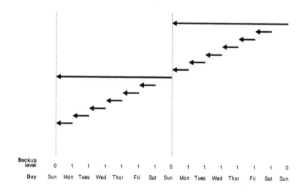

Backup level	0	1	1	1	1	1	1	0	1	1	1	1	1	1	0
Day	Sun	Mon	Tues	Wed	Thur	Fri	Sat	Sun	Mon	Tues	Wed	Thur	Fri	Sat	Sun

- Acumulativo. Este tipo de backup realiza una copia diferencial de los objetos de la base de datos. En este tipo de backups existen dos niveles:

    o Nivel 0. Este tipo de backup equivale a un backup completo, pero a diferencia del backup completo, este solo copia los objetos especificados y no la base de datos completa.

    o Nivel 1. Este tipo de backup realiza una copia solo de los objetos que hayan sido modificados desde el ultimo backup de nivel 0.

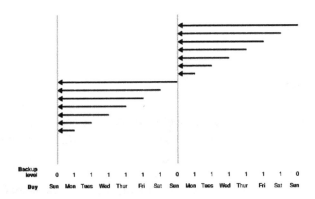

Para la realización de todos los tipos de backup, hay que estar conectado a la aplicación de RMAN utilizando el catálogo y debe estar exportada previamente la variable ORACLE_SID con el SID correspondiente a la base de datos sobre la que queremos realizar el backup.

```
[oracle@linux] export ORACLE_SID=PROD
[oracle@linux] rman target=/ catalog=rman/rman@RMAN
RMAN>
```

Backup completo.

Este tipo de backup realiza una copia completa de la base de datos, pudiéndose especificar que se incluya también los archivados que se generen desde que comienza el backup hasta que finaliza el mismo y el fichero de parámetros de la base de datos.

Nuevo a partir de 12c. Cuando se ejecuta el comando BACKUP DATABASE para realizar un backup de la base de datos ya sea completo o incremental de cualquier tipo, éste incluye también las pluggable databases (PDBs) si estuviera configurada la base de datos como una CDB.

```
[oracle@linux] export ORACLE_SID=PROD

[oracle@linux] rman target=/ catalog=rman/rman@RMAN

RMAN> backup database spfile plus archivelog;
```

Backup incremental.

Este tipo de backup, si es de nivel 0 realiza una copia completa de los objetos de la base de datos, y si es de nivel 1 solo de los cambios que se hayan producido desde el backup de nivel 0 o de nivel 1 más reciente.

En este ejemplo se realiza un backup de nivel 0 de un tablespace.

```
[oracle@linux] export ORACLE_SID=PROD

[oracle@linux] rman target=/ catalog=rman/rman@RMAN

RMAN> backup incremental level 0 tablespace users;
```

En este ejemplo se realiza un backup de nivel 1 de un tablespace.

```
[oracle@linux] export ORACLE_SID=PROD

[oracle@linux] rman target=/ catalog=rman/rman@RMAN

RMAN> backup incremental level 1 tablespace users;
```

Backup acumulativo.

Este tipo de backup si es de nivel 0 realiza una copia completa de los objetos de la base de datos, y si es de nivel 1 solo de los cambios que se hayan producido desde el backup de nivel 0.

En este ejemplo se realiza un backup de nivel 1 de un tablespace.

```
[oracle@linux] export ORACLE_SID=PROD
[oracle@linux] rman target=/ catalog=rman/rman@RMAN
RMAN> backup incremental level 1 cumulative tablespace users;
```

Eliminación de backups.

Con independencia de la política de backups que hayamos definido, todos los backups realizados quedan registrados en el catálogo, siendo necesario eliminarlos del mismo cuando ya no estén físicamente disponibles.

Con los siguientes comandos de RMAN podemos eliminar uno o varios backups.

```
[oracle@linux] export ORACLE_SID=PROD
[oracle@linux] rman target=/ catalog=rman/rman@RMAN
RMAN> delete backup;
```

```
[oracle@linux] export ORACLE_SID=PROD
[oracle@linux] rman target=/ catalog=rman/rman@RMAN
RMAN> delete obsolete;
RMAN retention policy will applied to the command
RMAN retention policy is set to recovery window of 14 days
Using channel ORA_DISK_1
Deleteing the following obsolete backups and copies:
-----
Deleted 17 objects
```

Otros tipos de backup.

A continuación se muestran ejemplos con distintas formas de realizar un backup.

Backup completo de solo la base de datos.

```
[oracle@linux] export ORACLE_SID=PROD
[oracle@linux] rman target=/ catalog=rman/rman@RMAN
RMAN> backup database;
```

Backup de un tablespace.

```
[oracle@linux] export ORACLE_SID=PROD
[oracle@linux] rman target=/ catalog=rman/rman@RMAN
RMAN> backup tablespace hr;
```

Restore.

En esta sección se describe y muestran con ejemplos como se realizan los diferentes tipos de restore. Con independencia del tipo de backup utilizado el restore siempre se realiza de la misma forma.

Hay que resaltar que para poder realizar una recuperación, los backups deben residir en la misma ubicación que donde fueron hechos, es decir, si el backup fue hecho en una unidad de cinta, la recuperación se debe realizar desde el mismo medio, y si fue hecho en disco, el backup debe residir en la misma ruta o ubicación donde fue realizado. En caso de encontrarse en una máquina diferente, el backup debe estar almacenado con la misma estructura de directorios, de lo contrario RMAN no podrá encontrar el backup en su catálogo.

Restore completo.

Para realizar un restore de un backup completo es necesario que la instancia donde vamos a recuperar el backup esté en modo NOMOUNT, ya que una de las tareas que realiza RMAN automáticamente es restaurar los controlfiles y para ello es necesario que la instancia de base de datos esté en ese modo. Una vez recuperados los controlfiles, RMAN automáticamente pondrá la instancia en modo MOUNT para empezar la recuperación de los datafiles y del archivado, para que una vez finalizado se pueda aplicar el archivado necesario y levantar la instancia de base de datos.

A continuación se muestran los comandos de recuperación de un backup completo.

```
[oracle@linux] export ORACLE_SID=PROD
[oracle@linux] rman target=/ catalog=rman/rman@RMAN
RMAN> restore database;
RMAN> recover database;
```

Restore de un Tablespace.

Para realizar un restore de un tablespace en una base de datos activa nos conectamos a RMAN y ejecutaremos los siguientes comandos.

En este ejemplo se recuperará un tablespace con sus datafiles en su misma ubicación.

```
[oracle@linux] export ORACLE_SID=PROD
[oracle@linux] rman target=/ catalog=rman/rman@RMAN
RMAN> SQL "ALTER TABLESPACE users OFFLINE IMMEDIATE";
RMAN> RESTORE TABLESPACE users;
RMAN> RECOVER TABLESPACE users;
RMAN> SQL "ALTER TABLESPACE users ONLINE";
```

Restore de un datafile.

En este ejemplo recuperamos sólo el datafile 9 de la base de datos.

```
[oracle@linux] export ORACLE_SID=PROD
[oracle@linux] rman target=/ catalog=rman/rman@RMAN
RMAN> RUN {
2> SQL "ALTER DATABASE DATAFILE 9 OFFLINE";
3> RESTORE DATAFILE 9;
4> RECOVER DATAFILE 9;
5> SQL "ALTER DATABASE DATAFILE 9 ONLINE";
6> }
```

Restore del controlfile.

Una de las recuperaciones más frecuentes e importantes de la base de datos es la recuperación de los controlfiles, ya que sin ellos la base de datos no puede montarse ni levantarse.

A continuación se indican los pasos para recuperar los controlfiles de la base de datos.

En este ejemplo se realiza una recuperación de los controlfiles de la base de datos usando el catálogo de RMAN, asumiendo que la base de datos PROD está parada totalmente.

```
[oracle@linux] export ORACLE_SID=PROD

[oracle@linux] rman target=/ catalog=rman/rman@RMAN

RMAN> RUN {
2> STARTUP FORCE NOMOUNT;
3> RESTORE CONTROLFILE FROM TAG 'MONDAY_CF_BACKUP';
4> ALTER DATABASE MOUNT;
5> RESTORE DATABASE;
6> RECOVER DATABASE;
7> }

RMAN> ALTER DATABASE OPEN RESETLOGS;
```

Validación.

Los siguientes ejemplos muestran cómo se realizan los diferentes tipos de validaciones y verificaciones de los backups realizados.

```
[oracle@linux] export ORACLE_SID=PROD
[oracle@linux] rman target=/ catalog=rman/rman@RMAN
RMAN> CROSSCHECK BACKUP;


[oracle@linux] export ORACLE_SID=PROD
[oracle@linux] rman target=/ catalog=rman/rman@RMAN
RMAN> CROSSCHECK ARCHIVELOG;
```

Parte III

Ejemplos

Introducción.

Los siguientes ejemplos si bien son variantes de los ya explicados en la parte II, sin duda son una fuente de acceso rápido para aquellas situaciones imprevistas a las que se enfrenta a diario un DBA y que dada la criticidad de la mayoría de los entornos y sistemas requieren una actuación rápida.

Para una mejor localización los siguientes ejemplos están organizados por tipos de acción, es decir, hay una sección con ejemplos para los backups, otra para las restauraciones, otra para las duplicaciones, otra para los informes, etc.

Ejemplos de operaciones con el catálogo

En esta sección se muestran ejemplos de operaciones que se pueden realizar sobre el catálogo de RMAN.

Importar todos los metadatos de un catálogo en otro catálogo.

RMAN permite importar los metadatos[3] de otros catálogos de RMAN con independencia de su versión.

En el siguiente ejemplo vamos a importar todos los metadatos de un catálogo de RMAN 11.2 en un catálogo de RMAN 12.1.

RMAN importará los metadatos de todas las bases de datos registradas en versión 11.2 en el catálogo de la versión 12.1. Las bases de datos origen no se han registrado previamente en el catálogo de la versión

---

[3] Entendemos por metadatos al conjunto de información de backups correspondiente a una o varias bases de datos registradas en un catálogo de RMAN.

12.1 y serán desregistradas del catálogo de RMAN 11.2 cuando finalice la importación.

```
[oracle@linux] rman catalog rman/rman@rman121

RMAN> IMPORT CATALOG rman/rman@rman112;

Starting import catalog at 21-FEB-16
import validation complete
database unregistered from the source recovery catalog
Finished import catalog at 21-FEB-16
```

Importar un conjunto de metadatos de otro catálogo en nuestro catálogo.

Este ejemplo es una variante del ejemplo anterior. En este caso se importará solo un conjunto de bases de datos en lugar de importar todas las bases de datos.

En el siguiente ejemplo vamos a importar en un catálogo de RMAN 12.1 los metadatos correspondientes a una base de datos registrada en un catálogo de RMAN 11.2. La base de datos origen no se han registrado previamente en el catálogo de la versión 12.1 y será desregistrada del catálogo de RMAN 11.2 cuando finalice la importación.

```
[oracle@linux] rman catalog rman/rman@rman121

RMAN> IMPORT CATALOG rman/rman@rman112 DBID=14179465;

Starting import catalog at 16-MAY-16
import validation complete
database unregistered from the source recovery catalog
Finished import catalog at 16-MAY-16
```

Resincronizar el catalogo en modo ARCHIVELOG.

En este ejemplo se realizará una resincronización completa de la base de datos target, después de forzar el archivado de los archivos de redo log.

```
[oracle@linux] export ORACLE_SID=PROD

[oracle@linux] rman target=/ catalog=rman/rman@RMAN

RMAN> SQL "ALTER SYSTEM ARCHIVE LOG CURRENT";
RMAN> RESYNC CATALOG;
```

Resincronizar el catalogo desde una copia del CONTROLFILE.

El siguiente ejemplo realiza una resincronización completa del catálogo de RMAN partiendo de la información almacenada en una de las copias del controlfile de la base de datos target.

```
[oracle@linux] export ORACLE_SID=PROD

[oracle@linux] rman target=/ catalog=rman/rman@RMAN

RMAN> STARTUP FORCE MOUNT;
RMAN> RESYNC CATALOG FROM CONTROLFILE '/oracle/oradata/PROD/control01.ctl';
RMAN> ALTER DATABASE OPEN;
```

Resincronizar el catalogo después de un cambio estructural de la base de datos.

El siguiente ejemplo realiza una resincronización completa del catálogo de RMAN después de que se haya realizado un cambio de estructura en la base de datos, tal como un nuevo tablespace, datafile, etc.

```
[oracle@linux] export ORACLE_SID=PROD

[oracle@linux] rman target=/ catalog=rman/rman@RMAN

RMAN> RESYNC CATALOG FROM DB_UNIQUE_NAME ALL;
```

Actualizar el DB_UNIQUE_NAME en el catálogo de RMAN.

En ocasiones es preciso cambiar el nombre de una base de datos, bien porque se haya creado a partir de una standby, porque se ha duplicado, o simplemente porque se decide cambiar el nombre de la misma. Para que los backups con RMAN sigan funcionando sin necesidad de volver a catalogarlos tras hacer el cambio de nombre a nivel de la base de datos, RMAN nos brinda la posibilidad de hacer también el cambio de nombre en el catálogo.

El siguiente ejemplo muestra cómo cambiar el nombre DB_UNIQUE_NAME de una base de datos en el catálogo de RMAN.

```
[oracle@linux] export ORACLE_SID=PROD

[oracle@linux] rman target=/ catalog=rman/rman@RMAN

RMAN> CHANGE DB_UNIQUE_NAME FROM dgrdbms4 TO sfrdbms4;
```

Catalogar todos los archivos de un backup.

Con relativa frecuencia ocurre que disponemos de un backup y
precisamos restaurarlo en un servidor distinto, por lo tanto es necesario
copiar todos los archivos del backup al nuevo servidor e indicarle a
RMAN donde encontrarlos. Para ello se utiliza el comando CATALOG.

```
[oracle@linux] export ORACLE_SID=PROD

[oracle@linux] rman target=/ catalog=rman/rman@RMAN

RMAN> catalog start with '/u01/app/oracle/oradata/orcl/backup';

Starting implicit crosscheck backup at 27-APR-10
allocated channel: ORA_DISK_1
channel ORA_DISK_1: SID=19 device type=DISK
allocated channel: ORA_DISK_2
channel ORA_DISK_2: SID=20 device type=DISK
Crosschecked 32 objects
Finished implicit crosscheck backup at 27-APR-10

Starting implicit crosscheck copy at 27-APR-10
using channel ORA_DISK_1
using channel ORA_DISK_2
Finished implicit crosscheck copy at 27-APR-10

searching for all files in the recovery area
cataloging files...
no files cataloged

searching for all files that match the pattern /u01/app/oracle/oradata/orcl/backup

List of Files Unknown to the Database
=====================================
File Name: /u01/app/oracle/oradata/orcl/backup/20lc5nqr_1_1
File Name: /u01/app/oracle/oradata/orcl/backup/23lc5ns4_1_1
File Name: /u01/app/oracle/oradata/orcl/backup/c-1239150297-20100427-00
File Name: /u01/app/oracle/oradata/orcl/backup/c-1239150297-20100426-00
File Name: /u01/app/oracle/oradata/orcl/backup/21lc5nqv_1_1
File Name: /u01/app/oracle/oradata/orcl/backup/1vlc5nqn_1_1
File Name: /u01/app/oracle/oradata/orcl/backup/24lc5o0c_1_1
File Name: /u01/app/oracle/oradata/orcl/backup/22lc5nqv_1_1

Do you really want to catalog the above files (enter YES or NO)? yes
cataloging files...
cataloging done

List of Cataloged Files
=======================
File Name: /u01/app/oracle/oradata/orcl/backup/20lc5nqr_1_1
File Name: /u01/app/oracle/oradata/orcl/backup/23lc5ns4_1_1
File Name: /u01/app/oracle/oradata/orcl/backup/c-1239150297-20100427-00
File Name: /u01/app/oracle/oradata/orcl/backup/c-1239150297-20100426-00
File Name: /u01/app/oracle/oradata/orcl/backup/21lc5nqv_1_1
File Name: /u01/app/oracle/oradata/orcl/backup/1vlc5nqn_1_1
File Name: /u01/app/oracle/oradata/orcl/backup/24lc5o0c_1_1
File Name: /u01/app/oracle/oradata/orcl/backup/22lc5nqv_1_1

RMAN>
```

Catalogar un backuppiece.

El siguiente ejemplo muestra como catalogar de forma individual un backuppiece utilizando el comando `CATALOG`.

```
RMAN> CATALOG BACKUPPIECE '/disk1/c-874220581-20061128-01';

using target database control file instead of recovery catalog
cataloged backup piece
backup piece handle=/disk1/c-874220581-20061128-01 RECID=12 STAMP=607695990
```

Descatalogar y recatalogar los ficheros del archivado.

El siguiente ejemplo muestra cómo mover los ficheros correspondientes al archivado a una nueva ubicación, descatalogarlos de RMAN y recatalogarlos en la nueva ubicación.

```
RMAN> HOST '/bin/mv $ORACLE_HOME/dbs/*.arc /disk2/archlog/';
RMAN> CHANGE ARCHIVELOG ALL UNCATALOG;
RMAN> CATALOG START WITH '/disk2/archlog' NOPROMPT;
```

Cambiando a una encarnación previa de RMAN en modo NOCATALOG.

En este ejemplo se muestra como configurar RMAN para que utilice una encarnación previa a la actual, realizando una recuperación al momento anterior antes de abrir la base de datos en modo resetlogs. Para poder realizar la recuperación, debido a que no estamos conectados al catálogo, es necesario recuperar previamente el controlfile.

```
[oracle@linux] export ORACLE_SID=PROD

[oracle@linux] rman target=/ nocatalog

RMAN> STARTUP NOMOUNT;
RMAN> RESTORE CONTROLFILE FROM AUTOBACKUP;
RMAN> ALTER DATABASE MOUNT;


RMAN> LIST INCARNATION;

List of Database Incarnations
DB Key  Inc Key DB Name  DB ID            STATUS  Reset SCN  Reset Time
-------  ------- --------  ----------------  --- ---------- ----------
78       94      PROD     3257893776        PARENT  1          14-FEB-15
78       79      PROD     3257893776        CURRENT 388003     15-MAY-16
```

```
RMAN> RESET DATABASE TO INCARNATION 94;
RMAN> RESTORE DATABASE UNTIL SCN 388002;
RMAN> RECOVER DATABASE UNTIL SCN 388002;
RMAN> ALTER DATABASE OPEN RESETLOGS;
RMAN> LIST INCARNATION;

List of Database Incarnations
DB Key  Inc Key DB Name  DB ID             STATUS  Reset SCN  Reset Time
------- ------- -------- ---------------- --- ---------- ----------
78      94      PROD     3257893776        PARENT  1          14-FEB-15
78      79      PROD     3257893776        PARENT  388003     15-MAY-16
78      112     PROD     3257893776        CURRENT 389037     03-JUN-16
```

Ejemplos de backups.

En esta sección muestran ejemplos con diferentes opciones y formas para realizar los backups con RMAN.

Backup y borrado de archivelog.

Este ejemplo muestra cómo realizar un backup del archivado de la base de datos, y una vez finalizado eliminarlo del disco, dejando así espacio libre para almacenar los nuevos ficheros del archivado de redolog.

```
[oracle@linux] export ORACLE_SID=PROD

[oracle@linux] rman target=/ catalog=rman/rman@RMAN

RMAN> BACKUP DEVICE TYPE sbt
2>     ARCHIVELOG LIKE '/disk%arc%'
3>     DELETE ALL INPUT;

Starting backup at 12-MAR-07
allocated channel: ORA_SBT_TAPE_1
channel ORA_SBT_TAPE_1: SID=150 device type=SBT_TAPE
channel ORA_SBT_TAPE_1: Oracle Secure Backup
channel ORA_SBT_TAPE_1: starting archived log backup set
channel ORA_SBT_TAPE_1: specifying archived log(s) in backup set
input archived log thread=1 sequence=4 RECID=4 STAMP=616789551
input archived log thread=1 sequence=5 RECID=5 STAMP=616789551
input archived log thread=1 sequence=6 RECID=6 STAMP=616789554
input archived log thread=1 sequence=7 RECID=7 STAMP=616789731
input archived log thread=1 sequence=8 RECID=8 STAMP=616789825
input archived log thread=1 sequence=9 RECID=10 STAMP=616789901
input archived log thread=1 sequence=10 RECID=12 STAMP=616789985
channel ORA_SBT_TAPE_1: starting piece 1 at 12-MAR-07
channel ORA_SBT_TAPE_1: finished piece 1 at 12-MAR-07
piece handle=0vice0g7_1_1 tag=TAG20070312T105917 comment=API Version 2.0,MMS Version
10.1.0.3
channel ORA_SBT_TAPE_1: backup set complete, elapsed time: 00:00:25
channel ORA_SBT_TAPE_1: deleting archived log(s)
archived log file name=/disk2/PROD/archivelog/2007_03_09/o1_mf_1_4_2z45sgrc_.arc RECID=4
STAMP=616789551
archived log file name=/disk2/PROD/archivelog/2007_03_09/o1_mf_1_5_2z45sgrc_.arc RECID=5
STAMP=616789551
archived log file name=/disk2/PROD/archivelog/2007_03_09/o1_mf_1_6_2z45sl3g_.arc RECID=6
STAMP=616789554
archived log file name=/disk2/PROD/archivelog/2007_03_09/o1_mf_1_7_2z45z2kt_.arc RECID=7
STAMP=616789731
archived log file name=/disk2/PROD/archivelog/2007_03_09/o1_mf_1_8_2z4620sk_.arc RECID=8
STAMP=616789825
archived log file name=/disk1/arch/archiver_1_8_616789153.arc RECID=9 STAMP=616789825
archived log file name=/disk2/PROD/archivelog/2007_03_09/o1_mf_1_9_2z464dhk_.arc RECID=10
STAMP=616789901
archived log file name=/disk1/arch/archiver_1_9_616789153.arc RECID=11 STAMP=616789901
archived log file name=/disk2/PROD/archivelog/2007_03_09/o1_mf_1_10_2z4670gr_.arc
RECID=12 STAMP=616789985
archived log file name=/disk1/arch/archiver_1_10_616789153.arc RECID=13 STAMP=616789985
Finished backup at 12-MAR-07

Starting Control File and SPFILE Autobackup at 12-MAR-07
piece handle=c-28643857-20070312-02 comment=API Version 2.0,MMS Version 10.1.0.3
Finished Control File and SPFILE Autobackup at 12-MAR-07
```

Backup multiplexado.

El siguiente ejemplo muestra cómo realizar un backup almacenándolo en dos o más ubicaciones distintas, utilizando para ello la opción COPIES e indicando el número de copias simultáneas que se realizarán. Asumimos que el parámetro de inicialización BACKUP_IO_SLAVES de la instancia PROD tiene el valor TRUE, ya que de lo contrario Oracle no permitirá realizar backups múltiples.

```
[oracle@linux] export ORACLE_SID=PROD

[oracle@linux] rman target=/ catalog=rman/rman@RMAN

RMAN> BACKUP AS COMPRESSED BACKUPSET
2>     DEVICE TYPE DISK
3>     COPIES 2
4>     DATABASE
5>     FORMAT '/disk1/db_%U', '/disk2/db_%U';
```

Backup incremental para refrescar una base de datos Standby.

El siguiente ejemplo muestra cómo realizar un backup incremental a partir de un SCN especificado. Este backup puede ser utilizado posteriormente para actualizar una base de datos standby.

```
[oracle@linux] export ORACLE_SID=PROD

[oracle@linux] rman

RMAN> CONNECT TARGET /

connected to target database: PROD (DBID=39525561)

RMAN> CONNECT CATALOG rman/rman@RMAN

connected to recovery catalog database

RMAN> BACKUP DEVICE TYPE DISK
2>     INCREMENTAL FROM SCN 404128 DATABASE
3>     FORMAT '/disk1/incr_standby_%U';
```

Backup con tolerancia a corrupciones.

El siguiente ejemplo muestra cómo se realiza un backup en el que se permite un número especificado de errores de corrupción en unos determinados datafiles. Para realizar este tipo de backup se utilizarán las opciones SET MAXCORRUPT y CHECK LOGICAL.

```
[oracle@linux] export ORACLE_SID=PROD

[oracle@linux] rman target=/ catalog=rman/rman@RMAN

RMAN> RUN
2> {
3>   SET MAXCORRUPT FOR DATAFILE 1,2,3,4,5 TO 1;
4>   BACKUP CHECK LOGICAL
5>     DATABASE;
6> }
```

Backup consistente para ser archivado.

Los siguientes ejemplos muestran cómo se realiza un backup consistente, cuyo propósito es archivarlo o almacenarlo durante un largo periodo de tiempo, sin que pueda ser marcado como obsoleto de forma automática por la política de retención establecida en la configuración de RMAN. Para ello se utilizará opción KEEP.

Este ejemplo mantiene el backup durante el periodo de un año.

```
[oracle@linux] export ORACLE_SID=PROD

[oracle@linux] rman target=/ catalog=rman/rman@RMAN

RMAN> BACKUP DATABASE
2>   FORMAT '/disk1/archival_backups/db_%U.bck'
3>   TAG quarterly
4>   KEEP UNTIL TIME 'SYSDATE + 365'
5>   RESTORE POINT Q1FY06;
```

Este otro ejemplo mantiene el backup disponible de forma indefinida.

```
[oracle@linux] export ORACLE_SID=PROD

[oracle@linux] rman target=/ catalog=rman/rman@RMAN

RMAN> BACKUP DATABASE
2>   FORMAT '/disk1/archival_backups/db_%U.bck'
3>   TAG longterm_bck
4>   KEEP FOREVER;
```

Cambiar un backup para ser archivado.

En el ejemplo anterior se mostraba como realizar un backup y archivarlo durante un tiempo superior al establecido en la política de retención configurada en RMAN.

En este ejemplo vamos a mostrar cómo realizar el archivado de un backup existente. Para ello se utilizará el comando CHANGE con la opción KEEP.

```
[oracle@linux] export ORACLE_SID=PROD

[oracle@linux] rman target=/ catalog=rman/rman@RMAN

RMAN> CHANGE BACKUP TAG 'consistent_db_bkup' KEEP UNTIL TIME 'SYSDATE + 365';

RMAN> CHANGE BACKUP TAG 'consistent_db_bkup' KEEP FOREVER;
```

Backup parcial.

En el siguiente ejemplo se muestra como realizar un backup parcial tras producirse un error en un backup previo. Utilizando la opción NOT BACKED UP SINCE podemos indicar a RMAN que copie solamente aquella parte que no fue copiada en un backup previo.

En este ejemplo asumimos que se realiza un backup completo todas las noches.

```
[oracle@linux] export ORACLE_SID=PROD

[oracle@linux] rman target=/ catalog=rman/rman@RMAN

RMAN> BACKUP
2>    DATABASE PLUS ARCHIVELOG;
```

A la mañana siguiente se descubre que el backup de la noche anterior falla por falta de espacio no llegando a completarse. En este caso, una vez se haya solucionado nuestro problema con el espacio, realizaríamos un backup parcial que incluya solo aquella parte del backup que no se incluyó en la copia del día anterior, ahorrándonos el exceso de tiempo y espacio que llevaría realizar un nuevo backup completo.

```
[oracle@linux] export ORACLE_SID=PROD

[oracle@linux] rman target=/ catalog=rman/rman@RMAN

RMAN> BACKUP
2>    NOT BACKED UP SINCE TIME 'SYSDATE-1'
3>    DATABASE PLUS ARCHIVELOG;

skipping datafile 1; already backed up on 22-JUN-15
skipping datafile 2; already backed up on 22-JUN-15
skipping datafile 3; already backed up on 22-JUN-15
```

Backup no disponible temporalmente.

En algunas ocasiones, principalmente por necesidades de almacenamiento, necesitamos marcar como no disponible uno o más backups.

En el siguiente ejemplo asumiremos que el backup con la key número 4 no estará disponible debido a que se ha tenido que mover a otra ubicación para solucionar un problema con los discos, y por tanto no podrá ser utilizado. Para ello utilizaremos el comando CHANGE.

```
[oracle@linux] export ORACLE_SID=PROD

[oracle@linux] rman target=/ catalog=rman/rman@RMAN

RMAN> LIST BACKUP SUMMARY;

List of Backups
===============
Key     TY LV S Device Type Completion Time #Pieces #Copies Compressed Tag
------- -- -- - ----------- --------------- ------- ------- ---------- ---
1       B  A  A DISK        24-FEB-07       1       1       NO         TAG20070427T115348
3       B  A  A DISK        24-MAR-07       1       1       NO         TAG20070427T115452
4       B  F  A DISK        24-APR-07       1       1       NO         TAG20070427T115456

RMAN> CHANGE BACKUPSET 4 UNAVAILABLE;

changed backup piece unavailable
backup piece handle=/disk2/backup/c-3257893776-20070424-00 RECID=4 STAMP=588858897
Changed 1 objects to UNAVAILABLE status
```

Listar backups.

Para saber si existe o no un backup, o para consultar la información relacionada con el mismo, existe la posibilidad de consultar en el catálogo los backups realizados con el siguiente comando de RMAN.

```
[oracle@linux] export ORACLE_SID=PROD


[oracle@linux] rman target=/ catalog=rman/rman@RMAN
RMAN> list backup;
```

Una variante del comando anterior sería especificando la fecha desde la que queremos que RMAN nos muestre los backups realizados. El siguiente ejemplo muestra todos los backups del archivelog realizados desde el día anterior.

```
[oracle@linux] export ORACLE_SID=PROD

[oracle@linux] rman target=/ catalog=rman/rman@RMAN

RMAN> LIST BACKUP OF ARCHIVELOG FROM TIME 'SYSDATE-1';
```

Listar copias de archivos de la base de datos.

El siguiente ejemplo muestra cómo obtener un listado con todas las
copias realizadas al datafile del tablespace users.

```
[oracle@linux] export ORACLE_SID=PROD

[oracle@linux] rman target=/ catalog=rman/rman@RMAN

RMAN> LIST COPY OF DATAFILE '/oracle/oradata/prod/users.dbf' COMPLETED BEFORE '21-MAY-
16';

List of Datafile Copies
=========================

Key      File S Completion Time Ckp SCN    Ckp Time
-------  ---- - --------------- ---------- ---------------
3794     28   A 12-MAY-16       1010097    12-MAY-16
         Name: /oradata/oradata/prod/users.dbf
         Tag: TAG20160512T220249
3793     28   A 06-MAY-16       1009950    06-MAY-16
         Name: /oradata/oradata/prod/users.dbf
         Tag: TAG20160506T220407
```

Listar encarnaciones.

El siguiente ejemplo muestra las encarnaciones grabadas en el catálogo
de RMAN.

```
[oracle@linux] export ORACLE_SID=PROD

[oracle@linux] rman target=/ catalog=rman/rman@RMAN


RMAN> LIST INCARNATION;

List of Database Incarnations
DB Key  Inc Key DB Name  DB ID            STATUS  Reset SCN  Reset Time
-------  ------- -------- ---------------- ------- ---------- ----------
78       94      PROD     3257893776       PARENT  1          14-FEB-15
78       79      PROD     3257893776       CURRENT 388003     15-MAY-16
```

Listar errores.

Podemos conocer que errores se han producido durante la ejecución de un backup aunque no tengamos acceso al log de su ejecución. Para ello se utilizará el comando LIST FAILURE.

```
[oracle@linux] export ORACLE_SID=PROD

[oracle@linux] rman target=/ catalog=rman/rman@RMAN

RMAN> LIST FAILURE;

List of Database Failures
=========================

Failure ID Priority Status   Time Detected Summary
---------- -------- -------- ------------- -----------------------------------------------
142        HIGH     OPEN     23-JUN-15     One or more non-system datafiles are missing
101        HIGH     OPEN     23-JUN-15     Datafile 1:
'/oracle/oradata/PROD/system01.dbf'
                                           contains one or more corrupt blocks
```

Reparar errores.

En este ejemplo se repararán todos los fallos descubiertos por la herramienta de RMAN Recovery Data Advisor. El ejemplo reparará dos problemas: datafiles perdidos y un datafile con bloques corruptos.

```
[oracle@linux] export ORACLE_SID=PROD

[oracle@linux] rman target=/ catalog=rman/rman@RMAN

RMAN> LIST FAILURE;

List of Database Failures
=========================

Failure ID Priority Status   Time Detected Summary
---------- -------- -------- ------------- --------------------------------------------
--
142        HIGH     OPEN     23-JUN-15     One or more non-system datafiles are missing
101        HIGH     OPEN     23-JUN-15     Datafile 1:
                                           '/oracle/oradata/PROD/system01.dbf'
                                           contains one or more corrupt blocks

RMAN> ADVISE FAILURE;

List of Database Failures
=========================

Failure ID Priority Status   Time Detected Summary
---------- -------- -------- ------------- -------
142        HIGH     OPEN     23-JUN-15     One or more non-system datafiles
                                           are missing
101        HIGH     OPEN     23-JUN-15     Datafile 1:
                                           '/oracle/oradata/prod/system01.dbf'
                                           contains one or more corrupt blocks

analyzing automatic repair options; this may take some time
using channel ORA_DISK_1
analyzing automatic repair options complete
```

```
Mandatory Manual Actions
========================
no manual actions available

Optional Manual Actions
=======================
1. If file /disk1/oradata/prod/users01.dbf was unintentionally renamed or moved, restore
it

Automated Repair Options
========================
Option Repair Description
------ -------------------
1      Restore and recover datafile 28; Perform block media recovery of
       block 56416 in file 1
  Strategy: The repair includes complete media recovery with no data loss
  Repair script: /oracle/oracle/log/diag/rdbms/prod/prod/hm/reco_660500184.hm

RMAN> REPAIR FAILURE;

Strategy: The repair includes complete media recovery with no data loss
Repair script: /oracle/log/diag/rdbms/prod/prod/hm/reco_475549922.hm
contents of repair script:
   # restore and recover datafile
   sql 'alter database datafile 28 offline';
   restore datafile 28;
   recover datafile 28;
   sql 'alter database datafile 28 online';
   # block media recovery
   recover datafile 1 block 56416;

Do you really want to execute the above repair (enter YES or NO)? YES
executing repair script

sql statement: alter database datafile 28 offline

Starting restore at 23-JUN-15
using channel ORA_DISK_1

channel ORA_DISK_1: starting datafile backup set restore
channel ORA_DISK_1: specifying datafile(s) to restore from backup set
channel ORA_DISK_1: restoring datafile 00028 to /oracle/oradata/prod/users01.dbf
channel ORA_DISK_1: reading from backup piece
/backup/PROD/backupset/2015_06_18/o1_mf_nnndf_TAG20150618T182042_32fjzd3z_.bkp
channel ORA_DISK_1: piece
handle=/backup/PROD/backupset/2015_06_18/o1_mf_nnndf_TAG20150618T182042_32fjzd3z_.bkp
tag=TAG20150618T182042
channel ORA_DISK_1: restored backup piece 1
channel ORA_DISK_1: restore complete, elapsed time: 00:00:03
Finished restore at 23-JUN-15

Starting recover at 23-JUN-15
using channel ORA_DISK_1

starting media recovery
media recovery complete, elapsed time: 00:00:01

Finished recover at 23-JUN-15

sql statement: alter database datafile 28 online

Starting recover at 23-JUN-15
using channel ORA_DISK_1
searching flashback logs for block images until SCN 429690
finished flashback log search, restored 1 blocks

starting media recovery
media recovery complete, elapsed time: 00:00:03

Finished recover at 23-JUN-15
repair failure complete
```

Previsualizar una reparación de errores.

En este ejemplo se obtendrá una previsualización del proceso de reparación del comando `ADVISE FAILURE` más reciente en la sesión actual, sin que llegue a ejecutarse el proceso.

```
[oracle@linux] export ORACLE_SID=PROD

[oracle@linux] rman target=/ catalog=rman/rman@RMAN

RMAN> LIST FAILURE;
.
.
.
RMAN> ADVISE FAILURE;
.
.
.
RMAN> REPAIR FAILURE PREVIEW;

Strategy: The repair includes complete media recovery with no data loss
Repair script: /oracle/log/diag/rdbms/prod/prod/hm/reco_3200987003.hm

contents of repair script:
   # block media recovery
   recover datafile 1 block 56416;
```

Script para backup actualizado incremental.

En el siguiente ejemplo vamos a crear un script que contendrá los comandos para hacer un backup diario actualizado e incremental. Con este tipo de backups se consigue reducir la sobrecarga al realizar copias de seguridad completas de todos los archivos de datos.

En el ejemplo asumimos que el script se ejecutará de forma diaria. El primer comando crea una imagen del backup de la base de datos en disco identificado con una etiqueta específica. El segundo comando realiza un backup diferencial e incremental de nivel 1 de la base de datos.

```
[oracle@linux] export ORACLE_SID=PROD

[oracle@linux] rman target=/ catalog=rman/rman@RMAN

RMAN> RUN
2> {
3>   RECOVER COPY OF DATABASE
4>     WITH TAG 'copia_incremental_diaria';
5>   BACKUP
6>     INCREMENTAL LEVEL 1
7>     FOR RECOVER OF COPY WITH TAG 'copia_incremental_diaria'
8>     DATABASE;
9> }
```

Crear múltiples copias de un backup en cinta.

En este ejemplo utilizaremos cuatro unidades de cinta disponibles para hacer el backup: `tape1`, `tape2`, `tape3` y `tape4` indicando a RMAN que queremos crear un backup con dos copias idénticas utilizando dos cintas para cada copia. Asumimos que el parámetro de inicialización `BACKUP_IO_SLAVES` de la instancia `PROD` tiene el valor `TRUE`, ya que de lo contrario Oracle no permitirá realizar backups múltiples.

```
[oracle@linux] export ORACLE_SID=PROD

[oracle@linux] rman target=/ catalog=rman/rman@RMAN

RMAN> RUN
2> {
3>    ALLOCATE CHANNEL t1 DEVICE TYPE sbt
4>      PARMS 'ENV=(OB_DEVICE_1=tape1,OB_DEVICE_2=tape3)';
5>    ALLOCATE CHANNEL t2 DEVICE TYPE sbt
6>      PARMS 'ENV=(OB_DEVICE_1=tape2,OB_DEVICE_2=tape4)';
7>    SET BACKUP COPIES 2;
8>    BACKUP DATABASE;
9> }
```

Copiar el archivelog desde filesystem a ASM.

El siguiente ejemplo muestra como copiar los ficheros del archivado de la base de datos desde un almacenamiento de tipo filesystem a un almacenamiento con ASM.

```
[oracle@linux] export ORACLE_SID=PROD

[oracle@linux] rman target / catalog rman/rman@rman


RMAN> BACKUP AS COPY REUSE
2>     ARCHIVELOG LIKE "/oracle/arc_dest/arcr_1_11_686060575.arc"
3>     AUXILIARY FORMAT "+RCVAREA";
```

Almacenar el backup en ASM.

El siguiente ejemplo muestra cómo realizar un backup de la base de datos y almacenarlo en un almacenamiento ASM.

```
[oracle@linux] export ORACLE_SID=PROD

[oracle@linux] rman target / catalog rman/rman@rman

RMAN> BACKUP AS COPY DATABASE FORMAT '+BACKUP/%U';
```

Scripts almacenados.

En esta sección se muestran ejemplos para trabajar con scripts almacenados dentro del catálogo de RMAN.

RMAN nos brinda la posibilidad de almacenar en su catálogo en forma de scripts los comandos que utilizamos habitualmente para realizar los backups. A diferencia de los Shell-scripts que están almacenados a nivel de sistema operativo y que comúnmente son utilizados para la realización de los backups, el hecho de tenerlo almacenados en el catálogo tiene la ventaja de poder ejecutarlos desde cualquier servidor que tenga acceso al catálogo sin tener que copiar los scripts en cada servidor, adaptándolos a cada situación e incrementando las tareas de mantenimiento cada vez que se produzca un cambio. De ésta forma también se evita que se centralicen todos los scripts en un único servidor, ya que en caso de indisponibilidad de ese servidor podríamos quedarnos sin realizar las copias de seguridad.

Existen dos tipos de scripts almacenados en el catálogo de RMAN: Scripts Locales y Scripts Globales.

Crear un script local.

Este tipo de script tiene la particularidad de que sólo puede ser utilizado en la base de datos target donde haya sido creado, siendo invisible para el resto de bases de datos registradas en nuestro catálogo.

En el siguiente ejemplo se creará un script local almacenado en el catálogo de RMAN que realiza un backup del tablespace USERS.

```
[oracle@linux] export ORACLE_SID=PROD

[oracle@linux] rman target=/ catalog=rman/rman@RMAN

RMAN> create script backup_users
2> comment 'Backup del Tablespace USERS de PROD'
3> {
4>     allocate channel c1 type disk format '/backup/PROD/%U';
5>     backup tablespace users;
6> }
```

Crear un script global.

Este tipo de script tiene la particularidad de que puede ser utilizado en cualquier base de datos del catálogo de RMAN, tanto para las actualmente registradas, como para las que se registren con posterioridad a la creación del script.

En el siguiente ejemplo se creará un script local almacenado en el catálogo de RMAN que realiza un backup del tablespace SYSTEM.

```
[oracle@linux] export ORACLE_SID=PROD

[oracle@linux] rman target=/ catalog=rman/rman@RMAN

RMAN> create global script backup_system
2> comment 'Backup del Tablespace SYSTEM de PROD'
3> {
4>      allocate channel c1 type disk format '/backup/PROD/%U';
5>      backup tablespace system;
6> }
```

Uso de variables de sustitución.

Los scripts almacenados en el catálogo, ya sean locales o globales, también permiten la utilización de variables de sustitución en sus ejecuciones. La primera vez que se cree o modifique el script, RMAN pedirá que sea introducido un valor correcto para cada variable de sustitución, únicamente con el fin de comprobar que la sintaxis utilizada es correcta, sin llegar a ejecutar el script.

En el siguiente ejemplo se creará un script local almacenado en el catálogo de RMAN que realiza un backup de cualquier tablespace que sea pasado como parámetro.

```
[oracle@linux] export ORACLE_SID=PROD

[oracle@linux] rman target=/ catalog=rman/rman@RMAN

RMAN> create global script backup_tablespace
2> comment 'Backup de tablespaces de PROD'
3> {
4>      backup tablespace &1 TAG &2 format '/backup/PROD/%U';
5> }

Enter value for 1: users

Enter value for 2: backup_users

starting full resync of recovery catalog
full resync complete
created script backup_tablespace
```

Para ejecutar el script tan solo hay que indicar el valor a la variable de sustitución después de la opción USING del comando EXECUTE, en este caso el nombre del tablespace del que queremos hacer backup.

```
RMAN> RUN { EXECUTE SCRIPT backup_tablespace USING SYSTEM backup_system; }
```

La ejecución equivalente y que ejecutará RMAN sería la siguiente:

```
RMAN> backup tablespace SYSTEM TAG backup_system format '/backup/PROD/%U';
```

Modificar un script local.

En el siguiente ejemplo se modificará un script local almacenado en el catálogo de RMAN que realiza un backup del tablespace USERS cambiando la ruta de almacenamiento /backup/PROD por /backup/PROD/tablespaces. Para realizar la modificación se utilizará el comando REPLACE.

```
[oracle@linux] export ORACLE_SID=PROD

[oracle@linux] rman target=/ catalog=rman/rman@RMAN

RMAN> replace script backup_users
2> comment 'Backup del Tablespace USERS de PROD'
3> {
4>     allocate channel c1 type disk format '/backup/PROD/tablespaces/%U';
5>     backup tablespace users;
6> }
```

Modificar un script global.

En el siguiente ejemplo se modificará un script global almacenado en el catálogo de RMAN que realiza un backup del tablespace SYSTEM cambiando el tablespace por SYSAUX. Para realizar la modificación se utilizará el comando REPLACE.

```
[oracle@linux] export ORACLE_SID=PROD

[oracle@linux] rman target=/ catalog=rman/rman@RMAN

RMAN> replace global script backup_system
2> comment 'Backup del Tablespace SYSAUX de PROD'
3> {
```

```
4>      allocate channel c1 type disk format '/backup/PROD/%U';
5>      backup tablespace sysaux;
6> }
```

Listar scripts.

En el siguiente ejemplo se mostrará cómo obtener un listado de los
scripts almacenados en el catálogo. El comando LIST muestra todos los
scripts globales y locales a los que la base de datos target tiene acceso.

```
[oracle@linux] export ORACLE_SID=PROD

[oracle@linux] rman target=/ catalog=rman/rman@RMAN

RMAN> LIST SCRIPT NAMES;

List of Stored Scripts in Recovery Catalog

    Global Scripts

       Script Name
       Description
       ---------------------------------------------------------------------
       backup_system
       Backup del Tablespace SYSTEM de PROD
```

Si queremos ver el contenido del script utilizaremos el comando PRINT.

```
RMAN> PRINT SCRIPT backup_system;

printing stored global script: backup_system
{
    allocate channel c1 type disk format '/backup/PROD/%U';
    backup tablespace system;
}
```

Ejecutar un script.

En el siguiente ejemplo se muestra como ejecutar un script local.

```
[oracle@linux] export ORACLE_SID=PROD

[oracle@linux] rman target=/ catalog=rman/rman@RMAN

RMAN> RUN { EXECUTE script backup_users }

executing local script: backup_users

Starting backup at 16-JUN-16
current log archived
allocated channel: ORA_DISK_1
channel ORA_DISK_1: SID=106 device type=DISK
.
```

El siguiente ejemplo muestra como ejecutar un script global.

```
[oracle@linux] export ORACLE_SID=PROD

[oracle@linux] rman target=/ catalog=rman/rman@RMAN

RMAN> RUN { EXECUTE GLOBAL script backup_system }

executing global script: backup_system

Starting backup at 16-JUN-16
current log archived
allocated channel: ORA_DISK_1
channel ORA_DISK_1: SID=106 device type=DISK
.
.
.
```

Reports.

En esta sección se muestran ejemplos sobre la obtención de informes de RMAN.

El comando `REPORT` realiza un informe detallado con un análisis del repositorio de RMAN.

Esquema de base de datos.

En el siguiente ejemplo obtendremos un informe con los nombres de todos los ficheros que había en la base de datos hace 15 minutos.

```
[oracle@linux] export ORACLE_SID=PROD

[oracle@linux] rman target=/ catalog=rman/rman@RMAN

RMAN> REPORT SCHEMA AT TIME 'sysdate-15/1440';

Report of database schema for database with db_unique_name PROD

List of Permanent Datafiles
===========================
File Size(MB) Tablespace          RB segs Datafile Name
---- -------- -------------------- ------- ----------------------
1    527      SYSTEM               YES     /oracle/oradata/prod/system01.dbf
2    211      SYSAUX               YES     /oracle/oradata/prod/sysaux01.dbf
3    1024     UNDOTBS              YES     /oracle/oradata/prod/undotbs01.dbf
4    24       USERS                YES     /oracle/oradata/prod/users01.dbf

List of Temporary Files
=======================
File Size(MB) Tablespace          Maxsize(MB) Tempfile Name
---- -------- -------------------- ----------- ------------------
1    1024     TEMP                 10240       /oracle/oradata/prod/temp01.dbf
```

Datafiles que necesitan backup incremental.

En el siguiente ejemplo obtendremos un informe con los nombres de todos los datafiles que han cambiado desde el último backup incremental y precisan un nuevo backup incremental.

```
[oracle@linux] export ORACLE_SID=PROD

[oracle@linux] rman target=/ catalog=rman/rman@RMAN
```

```
RMAN> REPORT NEED BACKUP INCREMENTAL 1;

Report of files that need more than 1 incrementals during recovery
File Incrementals Name
---- ------------ ----------------------------------------------
1    2            /oracle/oradata/prod/system01.dbf
2    2            /oracle/oradata/prod/sysaux01.dbf
3    2            /oracle/oradata/prod/undotbs01.dbf
4    2            /oracle/oradata/prod/users01.dbf
```

Backups obsoletos.

En el siguiente ejemplo obtendremos un informe con los backups obsoletos.

[oracle@linux] export ORACLE_SID=PROD

[oracle@linux] rman target=/ catalog=rman/rman@RMAN

RMAN> REPORT OBSOLETE;

```
RMAN retention policy will be applied to the command
RMAN retention policy is set to redundancy 1
Report of obsolete backups and copies
Type                 Key    Completion Time    Filename/Handle
-------------------- ------ ------------------ --------------------
Archive Log          1022   25-FEB-16
/oracle/arch/prod/archive1_59_364272491.dbf
Archive Log          1023   25-FEB-16
/oracle/arch/prod/archive1_61_364272491.dbf
Archive Log          1024   25-FEB-16
/oracle/arch/prod/archive1_60_364272491.dbf
Archive Log          1025   25-FEB-17
/oracle/arch/prod/archive1_55_364272491.dbf
Backup Set           1032   25-FEB-16
  Backup Piece       1050   25-FEB-16
  /backup/PROD/backupset/2016_02_25/o1_mf_nnndf_TAG20160225T110103_2xnpmp01_.bkp
Datafile Copy        1073   25-FEB-16
  /oracle/oradata/PROD/datafile/system.dbf
Backup Set           1035   25-FEB-16
  Backup Piece       1053   25-FEB-16
  /backup/PROD/backupset/2016_02_25/o1_mf_nnndf_TAG20160225T111434_2xnpozym_.bkp
Datafile Copy        1074   25-FEB-16          /oracle/oradata/PROD/datafile/sysaux.dbf
Datafile Copy        1075   25-FEB-16          /oracle/oradata/PROD/datafile/undotbs.dbf
Datafile Copy        1081   25-FEB-16          /oracle/oradata/PROD/datafile/users.dbf
```

Ejemplos de verificación y validación de backups.

En esta sección se describe y muestran con ejemplos como se verifican y validan los distintos backups realizados con RMAN.

Crosscheck de backups en múltiples dispositivos de almacenamiento.

Para realizar este ejemplo asumiremos que queremos hacer un crosscheck de los archivelogs en disco y en cinta. También asumimos que el dispositivo de almacenamiento por defecto es el disco y que tenemos un canal configurado con la unidad de cinta, pero sin embargo queremos utilizar uno para la unidad de cinta y otro para la unidad de disco.

```
[oracle@linux] export ORACLE_SID=PROD

[oracle@linux] rman target=/ catalog=rman/rman@RMAN

RMAN> SHOW DEFAULT DEVICE TYPE;
RMAN configuration parameters for database with db_unique_name PROD are:
CONFIGURE DEFAULT DEVICE TYPE TO DISK;

RMAN> SHOW CHANNEL;
RMAN configuration parameters for database with db_unique_name PROD are:
CONFIGURE CHANNEL DEVICE TYPE 'SBT_TAPE' PARMS
'SBT_LIBRARY=/usr/local/oracle/backup/lib/libobk.so, ENV=(OB_DEVICE_1=stape1)';

RMAN> ALLOCATE CHANNEL FOR MAINTENANCE DEVICE TYPE sbt PARMS
'SBT_LIBRARY=/usr/local/oracle/backup/lib/libobk.so, ENV=(OB_DEVICE_1=stape2)';
allocated channel: ORA_MAINT_SBT_TAPE_1
channel ORA_MAINT_SBT_TAPE_1: SID=135 device type=SBT_TAPE
channel ORA_MAINT_SBT_TAPE_1: Oracle Secure Backup

RMAN> ALLOCATE CHANNEL FOR MAINTENANCE DEVICE TYPE DISK FORMAT "/disk2/%U";
allocated channel: ORA_MAINT_DISK_2
channel ORA_MAINT_DISK_2: SID=101 device type=DISK
Finished Control File and SPFILE Autobackup at 17-MAR-16

RMAN> CROSSCHECK BACKUP OF ARCHIVELOG ALL;
crosschecked backup piece: found to be 'AVAILABLE'
backup piece handle=/disk2/95ic69jc_1_1 RECID=210 STAMP=616769132
crosschecked backup piece: found to be 'EXPIRED'
backup piece handle=/disk2/96ic69jf_1_1 RECID=211 STAMP=616769135
Crosschecked 2 objects
crosschecked backup piece: found to be 'AVAILABLE'
backup piece handle=/disk2/96ic69jf_1_1 RECID=211 STAMP=616769135
Crosschecked 1 objects

RMAN> RELEASE CHANNEL;
released channel: ORA_MAINT_SBT_TAPE_1
released channel: ORA_MAINT_DISK_2
```

Crosscheck en Oracle RAC.

En este ejemplo mostramos como realizar un crosscheck utilizando dos nodos de un base de datos configurada como RAC. Asumiremos que cada nodo dispone de su propio conjunto de backups en disco y que todos los backups son accesibles desde al menos uno de los nodos. Para ello se creará un canal para conectar a cada nodo antes de realizar el crosscheck.

```
[oracle@linux] export ORACLE_SID=PROD1

[oracle@linux] rman target=/ catalog=rman/rman@RMAN

RMAN> ALLOCATE CHANNEL FOR MAINTENANCE DEVICE TYPE DISK CONNECT '@PROD1';
RMAN> ALLOCATE CHANNEL FOR MAINTENANCE DEVICE TYPE DISK CONNECT '@PROD2';
RMAN> CROSSCHECK BACKUP;
```

Crosscheck de todos los archivelogs de un nodo de un RAC.

En este ejemplo mostramos como realizar un crosscheck de todos los archivelogs pertenecientes al thread o nodo 1 de una base de datos Oracle configurada en modo RAC.

```
[oracle@linux] export ORACLE_SID=PROD1

[oracle@linux] rman target=/ catalog=rman/rman@RMAN

RMAN> CROSSCHECK ARCHIVELOG FROM SEQUENCE 0 THREAD 1;
```

Crosscheck de backups realizados entre dos fechas.

En este ejemplo mostramos como realizar un crosscheck de todos los backups que hayan sido realizados en los últimos 90 días.

```
[oracle@linux] export ORACLE_SID=PROD1

[oracle@linux] rman target=/ catalog=rman/rman@RMAN

RMAN> CROSSCHECK BACKUP OF DATABASE COMPLETED BETWEEN 'SYSDATE-90' AND 'SYSDATE';
```

Previsualización de una restauración.

El siguiente ejemplo muestra cual sería el resultado de una restauración antes de realizarla, validando así su viabilidad.

```
[oracle@linux] export ORACLE_SID=PROD1

[oracle@linux] rman target=/ catalog=rman/rman@RMAN

RMAN> RESTORE ARCHIVELOG ALL DEVICE TYPE sbt PREVIEW;

Starting restore at 11-MAY-16
released channel: ORA_SBT_TAPE_1
allocated channel: ORA_SBT_TAPE_1
channel ORA_SBT_TAPE_1: SID=36 device type=SBT_TAPE
channel ORA_SBT_TAPE_1: Oracle Secure Backup

List of Backup Sets
===================

BS Key  Size       Device Type Elapsed Time Completion Time
------- ---------- ----------- ------------ ---------------
53      1.25M        SBT_TAPE  00:00:18     11-MAY-16
        BP Key: 53  Status: AVAILABLE  Compressed: NO  Tag: TAG20160511T090126
        Handle: 2aibhej3_1_1  Media: RMAN-DEFAULT-000001

  List of Archived Logs in backup set 53
  Thrd Seq     Low SCN    Low Time  Next SCN   Next Time
  ---- ------- ---------- --------- ---------- ---------
  1    8       526376     11-MAY-16 527059     11-MAY-16
  1    9       527059     11-MAY-16 527074     11-MAY-16
  1    10      527074     11-MAY-16 527091     11-MAY-16
  1    11      527091     11-MAY-16 527568     11-MAY-16
  1    12      527568     11-MAY-16 527598     11-MAY-16
validation succeeded for backup piece
Finished restore at 11-MAY-16
```

Validación de un backup.

El siguiente ejemplo muestra como validar un backup antes de ser restaurado. Para ello se listarán todos los backups realizados para posteriormente validar el/los backups que nos interesen.

```
[oracle@linux] export ORACLE_SID=PROD1

[oracle@linux] rman target=/ catalog=rman/rman@RMAN

RMAN> LIST BACKUP SUMMARY;

List of Backups
===============
Key    TY LV S Device Type Completion Time #Pieces #Copies Compressed Tag
------ -- -- - ----------- --------------- ------- ------- ---------- ---
3871   B  F  A DISK        08-MAR-07       1       1       NO         TAG20070308T092426
3890   B  F  A DISK        08-MAR-07       1       1       NO         TAG20070308T092534


RMAN> VALIDATE BACKUPSET 3871, 3890;

Starting validate at 08-MAR-07
using channel ORA_DISK_1
channel ORA_DISK_1: starting validation of datafile backup set
channel ORA_DISK_1: reading from backup piece
```

```
/disk2/PROD/backupset/2007_03_08/o1_mf_nnndf_TAG20070308T092 426_2z0kpc72_.bkp
channel ORA_DISK_1: piece
handle=/disk2/PROD/backupset/2007_03_08/o1_mf_nnndf_TAG20070308T092426_2z0kpc72_.bkp ta
g=TAG20070308T092426
channel ORA_DISK_1: restored backup piece 1
channel ORA_DISK_1: validation complete, elapsed time: 00:00:18
channel ORA_DISK_1: starting validation of datafile backup set
channel ORA_DISK_1: reading from backup piece
/disk2/PROD/autobackup/2007_03_08/o1_mf_s_616670734_2z0krhjv_.bkp
channel ORA_DISK_1: piece
handle=/disk2/PROD/autobackup/2007_03_08/o1_mf_s_616670734_2z0krhjv_.bkp
tag=TAG20070308T092534
channel ORA_DISK_1: restored backup piece 1
channel ORA_DISK_1: validation complete, elapsed time: 00:00:00
Finished validate at 08-MAR-07
```

Validación de una restauración.

El siguiente ejemplo muestra como validar que un backup está presente en la unidad de almacenamiento, disco o cinta, es legible y no está corrupto antes de ser restaurado.

[oracle@linux] export ORACLE_SID=PROD1

[oracle@linux] rman target=/ catalog=rman/rman@RMAN

RMAN> RESTORE DATABASE VALIDATE;

```
Starting restore at 11-MAY-16
using channel ORA_DISK_1
allocated channel: ORA_SBT_TAPE_1
channel ORA_SBT_TAPE_1: SID=36 device type=SBT_TAPE
channel ORA_SBT_TAPE_1: Oracle Secure Backup

channel ORA_DISK_1: starting validation of datafile backup set
channel ORA_DISK_1: reading from backup piece
/backup/PROD/backupset/2016_05_11/o1_mf_nnndf_ TAG20160511T090126_2aibhej3_1_1.bkp
channel ORA_DISK_1: piece
handle=/backup/PROD/backupset/2016_05_11/o1_mf_nnndf_TAG20070301T161038_2aibhej3_1_1.bkp
tag=TAG20070301T161038
channel ORA_DISK_1: restored backup piece 1
channel ORA_DISK_1: validation complete, elapsed time: 00:00:16
Finished restore at 11-MAY-16
```

Validación de una base de datos y recuperación de bloques corruptos.

En este ejemplo mostramos como realizar la validación de una base de datos ante la sospecha de la existencia de bloques corruptos y como devolver los bloques corruptos a su estado original.

[oracle@linux] export ORACLE_SID=PROD

[oracle@linux] rman target=/ catalog=rman/rman@RMAN

RMAN> VALIDATE DATABASE;

```
Starting validate at 17-FEB-16
using channel ORA_DISK_1
channel ORA_DISK_1: starting validation of datafile
channel ORA_DISK_1: specifying datafile(s) for validation
.
.
.
.
.
List of Datafiles
=================
File Status Marked Corrupt Empty Blocks Blocks Examined High SCN
---- ------ -------------- ------------ --------------- ----------
1    FAILED 0              4070         57600           555975
    File Name: /oracle/oradata/prod/system01.dbf
    Block Type Blocks Failing Blocks Processed
    ---------- -------------- ----------------
    Data       1              41550
    Index      0              7677
    Other      0              4303
.
.
.

RMAN> RECOVER CORRUPTION LIST;

Starting recover at 17-FEB-16
using channel ORA_DISK_1
allocated channel: ORA_SBT_TAPE_1
channel ORA_SBT_TAPE_1: SID=64 device type=SBT_TAPE
channel ORA_SBT_TAPE_1: Oracle Secure Backup
searching flashback logs for block images until SCN 548
finished flashback log search, restored 1 blocks

starting media recovery
media recovery complete, elapsed time: 00:00:03

Finished recover at 17-FEB-16
```

Ejemplos de restauraciones.

En esta sección se muestran ejemplos con las diferentes opciones y formas de restaurar con RMAN. Para realizar estos ejemplos debemos disponer un backup realizado con RMAN.

Corrección automática de errores.

RMAN nos brinda una ayuda a la hora de corregir problemas con nuestra base de datos, detectando e informándonos de las acciones necesarias para corregir el problema, utilizando para ello el comando ADVISE FAILURE.

```
[oracle@linux] export ORACLE_SID=PROD

[oracle@linux] rman target=/ catalog=rman/rman@RMAN

RMAN> ADVISE FAILURE;

List of Database Failures
=========================

Failure ID Priority Status    Time Detected Summary
---------- -------- --------- ------------- -------
142        HIGH     OPEN      23-APR-07     One or more non-system datafiles
                                            are missing
101        HIGH     OPEN      23-APR-07     Datafile 1:
'/disk1/oradata/prod/system01.dbf'
                                            contains one or more corrupt blocks

analyzing automatic repair options; this may take some time
using channel ORA_DISK_1
analyzing automatic repair options complete

Mandatory Manual Actions
========================
no manual actions available

Optional Manual Actions
========================
1. If file /disk1/oradata/prod/users01.dbf was unintentionally renamed or moved, restore
it

Automated Repair Options
========================
Option Repair Description
------ ------------------
1      Restore and recover datafile 28; Perform block media recovery of
       block 56416 in file 1
  Strategy: The repair includes complete media recovery with no data loss
  Repair script: /disk1/oracle/log/diag/rdbms/prod/prod/hm/reco_660500184.hm
```

Restaurar en el tiempo.

Con los siguientes ejemplos indicamos que queremos recuperar una base de datos completa hasta un momento dado o período de tiempo.

```
[oracle@linux] export ORACLE_SID=PROD

[oracle@linux] rman target=/ catalog=rman/rman@RMAN

RMAN> recover database until cancel;
```

```
[oracle@linux] export ORACLE_SID=PROD

[oracle@linux] rman target=/ catalog=rman/rman@RMAN

RMAN> recover database until time '2014-12-20 15:30:00';
```

```
[oracle@linux] export ORACLE_SID=PROD

[oracle@linux] rman target=/ catalog=rman/rman@RMAN

RMAN> recover database until change 123456;
```

Con los siguientes comandos indicamos que queremos recuperar un datafile hasta un momento dado o período de tiempo.

```
[oracle@linux] export ORACLE_SID=PROD

[oracle@linux] rman target=/ catalog=rman/rman@RMAN

RMAN> recover datafile '/oracle/oradata/PROD/hr01.dbf' until cancel;
```

```
[oracle@linux] export ORACLE_SID=PROD

[oracle@linux] rman target=/ catalog=rman/rman@RMAN

RMAN> recover datafile '/oracle/oradata/PROD/hr01.dbf' until time '2014-12-20 15:30:00';
```

```
[oracle@linux] export ORACLE_SID=PROD

[oracle@linux] rman target=/ catalog=rman/rman@RMAN

RMAN> recover datafile '/oracle/oradata/PROD/hr01.dbf' until change 123456;
```

Con los siguientes comandos indicamos que queremos recuperar un tablespace completo hasta un momento dado o período de tiempo.

```
[oracle@linux] export ORACLE_SID=PROD

[oracle@linux] rman target=/ catalog=rman/rman@RMAN

RMAN> recover tablespace hr until cancel;
```

```
[oracle@linux] export ORACLE_SID=PROD

[oracle@linux] rman target=/ catalog=rman/rman@RMAN

RMAN> recover tablespace hr until until time '2014-12-20 15:30:00';
```

```
[oracle@linux] export ORACLE_SID=PROD

[oracle@linux] rman target=/ catalog=rman/rman@RMAN

RMAN> recover tablespace hr until until change 123456;
```

Restaurar datafiles en una ubicación distinta.

Una de las particularidades de RMAN es ofrecer la posibilidad de restaurar los datafiles y/o tempfiles de una base de datos en una ubicación diferente a la original.

Para realizar este tipo de operación es preciso indicar la nueva ubicación y nombre del datafile y/o tempfile antes de realizar la restauración. Este tipo de comando precisa que se ejecute en un bloque de ejecución.

```
[oracle@linux] export ORACLE_SID=PROD

[oracle@linux] rman target=/ catalog=rman/rman@RMAN

RMAN> SET NEWNAME FOR DATAFILE 1 TO '/oracle/oradata/PROD/datafiles/system01.dbf';
```

Cambiar el nombre a los datafiles para restaurarlos en otra ubicación.

Para este ejemplo asumiremos que hemos tenido un fallo de disco y precisamos recuperar un datafile de la base de datos en otra ubicación distinta a la que contiene el catálogo.

```
[oracle@linux] export ORACLE_SID=PROD

[oracle@linux] rman target=/ catalog=rman/rman@RMAN

RMAN> RUN
2> {
3>    ALLOCATE CHANNEL dev1 DEVICE TYPE DISK;
4>    ALLOCATE CHANNEL dev2 DEVICE TYPE sbt;
5>    SQL "ALTER TABLESPACE users OFFLINE IMMEDIATE";
6>    SET NEWNAME FOR DATAFILE '/disk1/oradata/prod/users01.dbf'
7>                       TO '/disk2/users01.dbf';
8>    RESTORE TABLESPACE users;
9>    SWITCH DATAFILE ALL;
10>   RECOVER TABLESPACE users;
11>   SQL "ALTER TABLESPACE users ONLINE";
12> }
```

Restaurar una base de datos en otro servidor.

En este ejemplo se detalla cómo restaurar una base de datos en un nuevo host/servidor. En este ejemplo se ha utilizado Oracle Database 11gR2 sobre una plataforma Linux.

Para realizar las acciones descritas en este ejemplo asumimos las siguientes premisas

- Nombres para las instancias de base de datos:
  SID Base de Datos Origen: `orcl`
  SID Base de Datos Destino: `orcl`
  SID Base de Datos de RMAN: `RMAN`

- Medio de respaldo:
  Disco

- Puntos de montaje:
  ORACLE_BASE = `/u01/app/oracle`
  ORACLE_HOME = `/u01/app/oracle/product/11.2.0/dbhome_1`
  Datafiles = `/u01/app/oracle/oradata/orcl`
  Backups = `/u01/app/oracle/oradata/orcl/backup`

- Disponemos de un backup completo de la base de datos origen

Una de las primeras cosas que se necesita es obtener el Identificador de la Base de Datos (`DBID`) origen. Podemos obtener el `DBID` conectando a la base de datos utilizando RMAN tal y como se muestra a continuación.

```
[oracle@ora1 ~]$ export ORACLE_SID=ORCL

[oracle@ora1 ~]$ rman

Recovery Manager: Release 11.2.0.1.0 - Production on Tue Apr 27 09:40:34 2010

Copyright (c) 1982, 2009, Oracle and/or its affiliates.  All rights reserved.

RMAN> connect target /

connected to target database: ORCL (DBID=1239150297)

RMAN>
```

Si no existe la posibilidad de conectarse a la base de datos desde RMAN, también se puede obtener el DBID inspeccionando el nombre de archivo de autobackup correspondiente al controlfile de la base de datos. Por ejemplo si c-1239150297-20100427-00 es el archivo de autobackup del controlfile, el primer grupo de números que aparece después de c- es el DBID, es decir **1239150297**.

Cuando restauremos la base de datos no tendremos los archivos de redolog online originales, por lo que necesitaremos detener la recuperación en el último SCN almacenado en los archivelogs. Podemos obtener el último SCN almacenado ejecutando la siguiente query sobre la vista V$ARCHIVED_LOG.

```
SQL> select max(next_change#)
  2  from v$archived_log
  3  where archived = 'YES'
  4  group by thread#;

MAX(NEXT_CHANGE#)
----------------
         1375117

SQL>
```

Aquí se puede ver que el archivelog contiene información hasta el SCN **1375117** que será el último cambio que se aplicará. También podemos encontrar el último SCN a través de RMAN utilizando el comando LIST BACKUP OF ARCHIVELOG ALL.

```
RMAN> list backup of archivelog all;

List of Backup Sets
===================

BS Key  Size        Device Type Elapsed Time Completion Time
------- ----------  ----------- ------------ ---------------
54      2.09M       DISK        00:00:01     27-APR-10
        BP Key: 54   Status: AVAILABLE  Compressed: NO  Tag: TAG20100427T094350
        Piece Name: /u03/app/oracle/oradata/orcl/backup/1vlc5nqn_1_1

  List of Archived Logs in backup set 54
  Thrd Seq     Low SCN    Low Time    Next SCN   Next Time
  ---- ------- ---------- --------- ---------- ---------
  1    12      1359005    26-APR-10 1359528    26-APR-10
  1    13      1359528    26-APR-10 1359609    26-APR-10
  1    14      1359609    26-APR-10 1362018    26-APR-10

BS Key  Size        Device Type Elapsed Time Completion Time
------- ----------  ----------- ------------ ---------------
55      13.82M      DISK        00:00:02     27-APR-10
        BP Key: 55   Status: AVAILABLE  Compressed: NO  Tag: TAG20100427T094350
        Piece Name: /u03/app/oracle/oradata/orcl/backup/20lc5nqr_1_1

  List of Archived Logs in backup set 55
  Thrd Seq     Low SCN    Low Time    Next SCN   Next Time
  ---- ------- ---------- --------- ---------- ---------
  1    1       1362019    26-APR-10 1374991    27-APR-10

BS Key  Size        Device Type Elapsed Time Completion Time
------- ----------  ----------- ------------ ---------------
60      136.00K     DISK        00:00:00     27-APR-10
        BP Key: 60   Status: AVAILABLE  Compressed: NO  Tag: TAG20100427T094652
        Piece Name: /u03/app/oracle/oradata/orcl/backup/24lc5o0c_1_1

  List of Archived Logs in backup set 60
  Thrd Seq     Low SCN    Low Time    Next SCN   Next Time
  ---- ------- ---------- --------- ---------- ---------
  1    2       1374991    27-APR-10 1375117    27-APR-10

RMAN>
```

Revisando el listado obtenido, podemos comprobar que el último SCN es el `1375117` el cual forma parte del `backup set 60`.

A continuación necesitamos que el backup esté disponible en el servidor destino. Si el backup está almacenado en un filesystem compartido y visible por ambos servidores no es necesario realizar ninguna de las acciones que se detallan a continuación. Si el backup está almacenado en un filesystem local del servidor origen, será necesario copiar en el servidor de destino todos los archivos del backup que deseamos restaurar.

```
[oracle@ora1 backup]$ sftp oracle@ora2

Connecting to ora2...

oracle@ora2's password:

sftp> cd /u01/app/oracle/oradata/orcl/backup
sftp> mput *
Uploading 1vlc5nqn_1_1 to /u01/app/oracle/oradata/orcl/backup/1vlc5nqn_1_1
```

```
1vlc5nqn_1_1                                    100%    2142KB      2.1MB/s
00:00
Uploading 20lc5nqr_1_1 to /u01/app/oracle/oradata/orcl/backup/20lc5nqr_1_1
20lc5nqr_1_1                                    100%     14MB      13.8MB/s
00:01
Uploading 21lc5nqv_1_1 to /u01/app/oracle/oradata/orcl/backup/21lc5nqv_1_1
21lc5nqv_1_1                                    100%   1009MB      13.3MB/s
01:16
Uploading 22lc5nqv_1_1 to /u01/app/oracle/oradata/orcl/backup/22lc5nqv_1_1
22lc5nqv_1_1                                    100%     80MB      13.4MB/s
00:06
Uploading 23lc5ns4_1_1 to /u01/app/oracle/oradata/orcl/backup/23lc5ns4_1_1
23lc5ns4_1_1                                    100%     33MB      16.6MB/s
00:02
Uploading 24lc5o0c_1_1 to /u01/app/oracle/oradata/orcl/backup/24lc5o0c_1_1
24lc5o0c_1_1                                    100%    137KB     136.5KB/s
00:00
Uploading  c-1239150297-20100426-00  to  /u01/app/oracle/oradata/orcl/backup/c-1239150297-
20100426-00
c-1239150297-20100426-00                        100%   9600KB      9.4MB/s
00:01
Uploading  c-1239150297-20100427-00  to  /u01/app/oracle/oradata/orcl/backup/c-1239150297-
20100427-00
c-1239150297-20100427-00                        100%   9632KB      9.4MB/s
00:01

sftp> exit

[oracle@ora1 backup]$
```

A partir de aquí el resto de pasos se realizarán en el servidor de destino.

En primer lugar hay que establecer una conexión con RMAN exportando el SID de la base de datos destino.

```
[oracle@ora2 backup]$ export ORACLE_SID=orcl

[oracle@ora2 backup]$ rman


Recovery Manager: Release 11.2.0.1.0 - Production on Tue Apr 27 11:27:23 2010

Copyright (c) 1982, 2009, Oracle and/or its affiliates.  All rights reserved.

RMAN> connect target /

connected to target database (not started)

RMAN>
```

A continuación especificamos el DBID y levantamos la base de datos en modo NOMOUNT, momento en el que recibiremos el error ORA-01078 debido a que aún no tenemos fichero de parámetros para el SID proporcionado. En su lugar Oracle utilizará un archivo de parámetros "dummy" y permitirá levantar la base de datos en el modo indicado para que podamos continuar.

```
RMAN> set dbid 1239150297
```

```
executing command: SET DBID


RMAN> startup nomount

startup failed: ORA-01078: failure in processing system parameters
LRM-00109: could not open parameter file
'/u01/app/oracle/product/11.2.0/dbhome_1/dbs/initorcl.ora'

starting Oracle instance without parameter file for retrieval of spfile
Oracle instance started

Total System Global Area      159019008 bytes
Fixed Size                      1335192 bytes
Variable Size                  75497576 bytes
Database Buffers               79691776 bytes
Redo Buffers                    2494464 bytes

RMAN>
```

Ahora que la base de datos se encuentra levantada en modo NOMOUNT procedemos a restaurar el SPFILE, que se encuentra almacenado en el archivo de AUTOBACKUP del CONTROLFILE. Como tenemos que hacer cambios en el SPFILE, restauraremos el SPFILE como PFILE. Una vez restaurado pararemos totalmente la base de datos "dummy".

```
RMAN> show controlfile autobackup format;

RMAN configuration parameters for database with db_unique_name DUMMY are:
CONFIGURE CONTROLFILE AUTOBACKUP FORMAT FOR DEVICE TYPE DISK TO '%F'; # default

RMAN> set controlfile autobackup format for device type disk to
'/u01/app/oracle/oradata/orcl/backup/%F';

executing command: SET CONTROLFILE AUTOBACKUP FORMAT

RMAN> restore spfile
2>      to pfile '/u01/app/oracle/oradata/orcl/initorcl.ora'
3>      from autobackup;

Starting restore at 27-APR-10
allocated channel: ORA_DISK_1
channel ORA_DISK_1: SID=19 device type=DISK

channel ORA_DISK_1: looking for AUTOBACKUP on day: 20100427
channel ORA_DISK_1: AUTOBACKUP found: /u01/app/oracle/oradata/orcl/backup/c-1239150297-
20100427-00
channel        ORA_DISK_1:        restoring        spfile        from        AUTOBACKUP
/u01/app/oracle/oradata/orcl/backup/c-1239150297-20100427-00
channel ORA_DISK_1: SPFILE restore from AUTOBACKUP complete
Finished restore at 27-APR-10

RMAN> shutdown abort;

Oracle instance shut down

RMAN>
```

Ahora que ya hemos restaurado el SPFILE es necesario editarlo para realizar una serie de cambios, como la ruta definitiva de los ARCHIVOS DE TRAZA, FRA, CONTROLFILE, etc. Es importante que las rutas que indiquemos en el pfile existan previamente, ya que de lo contrario obtendríamos errores durante el inicio de la base de datos. Estas acciones las realizaremos desde otra ventana de terminal para mantener abierta la conexión actual con RMAN.

```
*.audit_file_dest='/u01/app/oracle/admin/orcl/adump'
*.control_files='/u02/app/oracle/oradata/orcl/ctl/control01.ctl','/u01/app/oracle/flash_r
ecovery_area/orcl/control02.ctl','/u03/app/oracle/oradata/orcl/ctl/control03.ctl'#Restore
Controlfile
*.db_recovery_file_dest_size=4039114752
*.db_recovery_file_dest='/u01/app/oracle/flash_recovery_area'
*.diagnostic_dest='/u01/app/oracle'
*.log_archive_dest_1='LOCATION=/u02/app/oracle/oradata/orcl/arch'
*.local_listener='LISTENER_ORCL'
```

Nota: Si se están utilizando las versiones 11g o 12c de Oracle, es preciso asegurarse que se cumplen los pre-requisitos de instalación de Oracle Database y que los parámetros del kernel están definidos de forma correcta, de lo contrario obtendremos el error ORA-00845.

```
[oracle@ora2 orcl]$ oerr ora 00845
00845, 00000, "MEMORY_TARGET not supported on this system"
// *Cause: The MEMORY_TARGET parameter was not supported on this operating system or
/dev/shm was not sized correctly on Linux.
// *Action: Refer to documentation for a list of supported operating systems. Or, size
/dev/shm to be at least the SGA_MAX_SIZE on each Oracle instance running on the system.

[oracle@ora2 orcl]$
```

A continuación procedemos a levantar la base de datos en modo NOMOUNT utilizando el PFILE editado en el paso anterior. Una vez levantada, restauramos los archivos de control y montamos la base de datos.

```
RMAN> startup nomount pfile='/u01/app/oracle/oradata/orcl/initorcl.ora';

connected to target database (not started)
Oracle instance started

Total System Global Area      849530880 bytes
Fixed Size                      1339824 bytes
Variable Size                 528485968 bytes
Database Buffers              314572800 bytes
Redo Buffers                    5132288 bytes

RMAN> set controlfile autobackup format for device type disk to
'/u01/app/oracle/oradata/orcl/backup/%F';

executing command: SET CONTROLFILE AUTOBACKUP FORMAT

RMAN> restore controlfile from autobackup;

Starting restore at 27-APR-10
allocated channel: ORA_DISK_1
channel ORA_DISK_1: SID=19 device type=DISK

recovery area destination: /u01/app/oracle/flash_recovery_area
```

```
database name (or database unique name) used for search: ORCL
channel ORA_DISK_1: no AUTOBACKUPS found in the recovery area
channel ORA_DISK_1: looking for AUTOBACKUP on day: 20100427
channel ORA_DISK_1: AUTOBACKUP found: /u01/app/oracle/oradata/orcl/backup/c-1239150297-
20100427-00
channel ORA_DISK_1: restoring control file from AUTOBACKUP
/u01/app/oracle/oradata/orcl/backup/c-1239150297-20100427-00
channel ORA_DISK_1: control file restore from AUTOBACKUP complete
output file name=/u02/oradata/orcl/ctl/control01.ctl
output file name=/u01/app/oracle/flash_recovery_area/orcl/control02.ctl
output file name=/u03/app/oracle/oradata/orcl/ctl/control03.ctl
Finished restore at 27-APR-10

RMAN> alter database mount;

database mounted
released channel: ORA_DISK_1

RMAN>
```

Ahora, con los archivos de control ya recuperados y la base de datos
montada, procedemos a obtener la configuración actual de RMAN para
configurarla según nuestras necesidades. Es importante asegurar que
los path que obtengamos en la configuración son los adecuados para
este servidor y que existen previamente.

```
RMAN> show all;

RMAN configuration parameters for database with db_unique_name ORCL are:
CONFIGURE RETENTION POLICY TO REDUNDANCY 1;
CONFIGURE BACKUP OPTIMIZATION OFF; # default
CONFIGURE DEFAULT DEVICE TYPE TO DISK; # default
CONFIGURE CONTROLFILE AUTOBACKUP ON;
CONFIGURE CONTROLFILE AUTOBACKUP FORMAT FOR DEVICE TYPE DISK TO
'/u03/app/oracle/oradata/orcl/backup/%F';
CONFIGURE DEVICE TYPE DISK PARALLELISM 2 BACKUP TYPE TO BACKUPSET;
CONFIGURE DATAFILE BACKUP COPIES FOR DEVICE TYPE DISK TO 1; # default
CONFIGURE ARCHIVELOG BACKUP COPIES FOR DEVICE TYPE DISK TO 1; # default
CONFIGURE CHANNEL DEVICE TYPE DISK FORMAT   '/u03/app/oracle/oradata/orcl/backup/%U'
MAXPIECESIZE 2 G;
CONFIGURE MAXSETSIZE TO UNLIMITED; # default
CONFIGURE ENCRYPTION FOR DATABASE OFF; # default
CONFIGURE ENCRYPTION ALGORITHM 'AES128'; # default
CONFIGURE COMPRESSION ALGORITHM 'BASIC' AS OF RELEASE 'DEFAULT' OPTIMIZE FOR LOAD TRUE ;
# default
CONFIGURE ARCHIVELOG DELETION POLICY TO BACKED UP 1 TIMES TO 'SBT_TAPE';
CONFIGURE SNAPSHOT CONTROLFILE NAME TO
'/u01/app/oracle/product/11.2.0/dbhome_1/dbs/snapcf_orcl.f'; # default

RMAN>
```

Por ejemplo, en el listado podemos observar que la herramienta de
RMAN buscará en la ruta /u03/app/oracle/oradata/orcl/backup los
archivos de control, los backups de los archivelogs y todos los archivos
que forman parte del backup, sin embargo todos estos archivos se
encuentran en la ruta /u01/app/oracle/oradata/orcl/backup, que
es la ruta donde los copiamos unos pasos más atrás. Este caso se puede

resolver de dos formas distintas. La primera sería crear la ruta `/u03/app/oracle/oradata/orcl/backup` y mover todos los archivos de backup a dicha ruta. La segunda sería usar el comando `CATALOG` para catalogar el backup y que RMAN busque en esa ruta los archivos de backup.

```
RMAN> catalog start with '/u01/app/oracle/oradata/orcl/backup';

Starting implicit crosscheck backup at 27-APR-10
allocated channel: ORA_DISK_1
channel ORA_DISK_1: SID=19 device type=DISK
allocated channel: ORA_DISK_2
channel ORA_DISK_2: SID=20 device type=DISK
Crosschecked 32 objects
Finished implicit crosscheck backup at 27-APR-10

Starting implicit crosscheck copy at 27-APR-10
using channel ORA_DISK_1
using channel ORA_DISK_2
Finished implicit crosscheck copy at 27-APR-10

searching for all files in the recovery area
cataloging files...
no files cataloged

searching for all files that match the pattern /u01/app/oracle/oradata/orcl/backup

List of Files Unknown to the Database
=====================================
File Name: /u01/app/oracle/oradata/orcl/backup/20lc5nqr_1_1
File Name: /u01/app/oracle/oradata/orcl/backup/23lc5ns4_1_1
File Name: /u01/app/oracle/oradata/orcl/backup/c-1239150297-20100427-00
File Name: /u01/app/oracle/oradata/orcl/backup/c-1239150297-20100426-00
File Name: /u01/app/oracle/oradata/orcl/backup/21lc5nqv_1_1
File Name: /u01/app/oracle/oradata/orcl/backup/1vlc5nqn_1_1
File Name: /u01/app/oracle/oradata/orcl/backup/24lc5o0c_1_1
File Name: /u01/app/oracle/oradata/orcl/backup/22lc5nqv_1_1

Do you really want to catalog the above files (enter YES or NO)? yes
cataloging files...
cataloging done

List of Cataloged Files
=======================
File Name: /u01/app/oracle/oradata/orcl/backup/20lc5nqr_1_1
File Name: /u01/app/oracle/oradata/orcl/backup/23lc5ns4_1_1
File Name: /u01/app/oracle/oradata/orcl/backup/c-1239150297-20100427-00
File Name: /u01/app/oracle/oradata/orcl/backup/c-1239150297-20100426-00
File Name: /u01/app/oracle/oradata/orcl/backup/21lc5nqv_1_1
File Name: /u01/app/oracle/oradata/orcl/backup/1vlc5nqn_1_1
File Name: /u01/app/oracle/oradata/orcl/backup/24lc5o0c_1_1
File Name: /u01/app/oracle/oradata/orcl/backup/22lc5nqv_1_1

RMAN>
```

En este momento RMAN y la base de datos ya están listas para iniciar la restauración, pero tan solo nos queda realizar una última cosa. El script de restauración. Durante la restauración vamos a cambiar la localización de los datafiles, utilizando el comando `SET NEWNAME FOR DATAFILE` para indicar la nueva ubicación final de los datafiles de la base de datos. También se debería cambiar la localización de los archivos de redo log online utilizando el comando `ALTER DATABASE RENAME FILE`. Estas acciones las deberíamos ejecutar desde una ventana de terminal distinta a la que tenemos abierta con la conexión de RMAN. A continuación se muestran los ejemplos.

```
SET NEWNAME FOR DATAFILE 1 TO '/u01/app/oracle/oradata/orcl/system01.dbf';
SET NEWNAME FOR DATAFILE 2 TO '/u01/app/oracle/oradata/orcl/sysaux01.dbf';
SET NEWNAME FOR DATAFILE 3 TO '/u01/app/oracle/oradata/orcl/undotbs01.dbf';
SET NEWNAME FOR DATAFILE 4 TO '/u01/app/oracle/oradata/orcl/users01.dbf';
SET NEWNAME FOR DATAFILE 5 TO '/u01/app/oracle/oradata/orcl/example01.dbf';
SET NEWNAME FOR DATAFILE 6 TO '/u01/app/oracle/oradata/orcl/test.dbf';
SET NEWNAME FOR DATAFILE 7 TO '/u01/app/oracle/oradata/orcl/dbfs01.dbf';

SQL "ALTER DATABASE RENAME FILE ''/u02/app/oracle/oradata/orcl/redo/redo01.log''
     TO ''/u01/app/oracle/oradata/orcl/redo/redo01.log'' ";
SQL "ALTER DATABASE RENAME FILE ''/u03/app/oracle/oradata/orcl/redo/red01_b.log''
     TO ''/u02/app/oracle/oradata/orcl/redo/red01_b.log'' ";
SQL "ALTER DATABASE RENAME FILE ''/u02/app/oracle/oradata/orcl/redo/redo02.log''
     TO ''/u01/app/oracle/oradata/orcl/redo/redo02.log'' ";
SQL "ALTER DATABASE RENAME FILE ''/u03/app/oracle/oradata/orcl/redo/redo02_b.log''
     TO ''/u02/app/oracle/oradata/orcl/redo/redo02_b.log'' ";
SQL "ALTER DATABASE RENAME FILE ''/u02/app/oracle/oradata/orcl/redo/redo03.log''
     TO ''/u01/app/oracle/oradata/orcl/redo/redo03.log'' ";
SQL "ALTER DATABASE RENAME FILE ''/u03/app/oracle/oradata/orcl/redo/redo03_b.log''
     TO ''/u02/app/oracle/oradata/orcl/redo/redo03_b.log'' ";
SQL "ALTER DATABASE RENAME FILE ''/u02/app/oracle/oradata/orcl/redo/redo04.log''
     TO ''/u01/app/oracle/oradata/orcl/redo/redo04.log'' ";
SQL "ALTER DATABASE RENAME FILE ''/u03/app/oracle/oradata/orcl/redo/redo04_b.log''
     TO ''/u02/app/oracle/oradata/orcl/redo/redo04_b.log'' ";
```

Como recordará, queremos detener la recuperación cuando se llegue al `SCN 1375117` debido a que es el último `SCN` almacenado en los archivelogs. Para indicarle a RMAN cuando debe parar utilizaremos el comando `SET UNTIL SCN 1375117`.

A continuación se muestra el script completo, al que hemos llamado `restore.rman`.

```
RUN {
    SET NEWNAME FOR DATAFILE 1 TO '/u01/app/oracle/oradata/orcl/system01.dbf';
    SET NEWNAME FOR DATAFILE 2 TO '/u01/app/oracle/oradata/orcl/sysaux01.dbf';
    SET NEWNAME FOR DATAFILE 3 TO '/u01/app/oracle/oradata/orcl/undotbs01.dbf';
    SET NEWNAME FOR DATAFILE 4 TO '/u01/app/oracle/oradata/orcl/users01.dbf';
    SET NEWNAME FOR DATAFILE 5 TO '/u01/app/oracle/oradata/orcl/example01.dbf';
    SET NEWNAME FOR DATAFILE 6 TO '/u01/app/oracle/oradata/orcl/test.dbf';
    SET NEWNAME FOR DATAFILE 7 TO '/u01/app/oracle/oradata/orcl/dbfs01.dbf';

    SQL "ALTER DATABASE RENAME FILE ''/u02/app/oracle/oradata/orcl/redo/redo01.log''
         TO ''/u01/app/oracle/oradata/orcl/redo/redo01.log'' ";
    SQL "ALTER DATABASE RENAME FILE ''/u03/app/oracle/oradata/orcl/redo/red01_b.log''
         TO ''/u02/app/oracle/oradata/orcl/redo/red01_b.log'' ";
    SQL "ALTER DATABASE RENAME FILE ''/u02/app/oracle/oradata/orcl/redo/redo02.log''
         TO ''/u01/app/oracle/oradata/orcl/redo/redo02.log'' ";
    SQL "ALTER DATABASE RENAME FILE ''/u03/app/oracle/oradata/orcl/redo/redo02_b.log''
         TO ''/u02/app/oracle/oradata/orcl/redo/redo02_b.log'' ";
    SQL "ALTER DATABASE RENAME FILE ''/u02/app/oracle/oradata/orcl/redo/redo03.log''
         TO ''/u01/app/oracle/oradata/orcl/redo/redo03.log'' ";
    SQL "ALTER DATABASE RENAME FILE ''/u03/app/oracle/oradata/orcl/redo/redo03_b.log''
         TO ''/u02/app/oracle/oradata/orcl/redo/redo03_b.log'' ";
    SQL "ALTER DATABASE RENAME FILE ''/u02/app/oracle/oradata/orcl/redo/redo04.log''
         TO ''/u01/app/oracle/oradata/orcl/redo/redo04.log'' ";
```

```
SQL "ALTER DATABASE RENAME FILE ''/u03/app/oracle/oradata/orcl/redo/redo04_b.log''
    TO ''/u02/app/oracle/oradata/orcl/redo/redo04_b.log'' ";

SET UNTIL SCN 1375117;

RESTORE DATABASE;
SWITCH DATAFILE ALL;

RECOVER DATABASE;
}
```

Ahora solo queda ejecutar el script para comenzar la restauración.

```
RMAN> @restore.rman

RMAN> RUN {
2>    SET NEWNAME FOR DATAFILE 1 TO '/u01/app/oracle/oradata/orcl/system01.dbf';
3>    SET NEWNAME FOR DATAFILE 2 TO '/u01/app/oracle/oradata/orcl/sysaux01.dbf';
4>    SET NEWNAME FOR DATAFILE 3 TO '/u01/app/oracle/oradata/orcl/undotbs01.dbf';
5>    SET NEWNAME FOR DATAFILE 4 TO '/u01/app/oracle/oradata/orcl/users01.dbf';
6>    SET NEWNAME FOR DATAFILE 5 TO '/u01/app/oracle/oradata/orcl/example01.dbf';
7>    SET NEWNAME FOR DATAFILE 6 TO '/u01/app/oracle/oradata/orcl/test.dbf';
8>    SET NEWNAME FOR DATAFILE 7 TO '/u01/app/oracle/oradata/orcl/dbfs01.dbf';
9>
10>
11>    SQL "ALTER DATABASE RENAME FILE ''/u02/app/oracle/oradata/orcl/redo/redo01.log''
12>        TO ''/u01/app/oracle/oradata/orcl/redo/redo01.log'' ";
13>    SQL "ALTER DATABASE RENAME FILE ''/u03/app/oracle/oradata/orcl/redo/red01_b.log''
14>        TO ''/u02/app/oracle/oradata/orcl/redo/red01_b.log'' ";
15>    SQL "ALTER DATABASE RENAME FILE ''/u02/app/oracle/oradata/orcl/redo/redo02.log''
16>        TO ''/u01/app/oracle/oradata/orcl/redo/redo02.log'' ";
17>    SQL "ALTER DATABASE RENAME FILE ''/u03/app/oracle/oradata/orcl/redo/redo02_b.log''
18>        TO ''/u02/app/oracle/oradata/orcl/redo/redo02_b.log'' ";
19>    SQL "ALTER DATABASE RENAME FILE ''/u02/app/oracle/oradata/orcl/redo/redo03.log''
20>        TO ''/u01/app/oracle/oradata/orcl/redo/redo03.log'' ";
21>    SQL "ALTER DATABASE RENAME FILE ''/u03/app/oracle/oradata/orcl/redo/redo03_b.log''
22>        TO ''/u02/app/oracle/oradata/orcl/redo/redo03_b.log'' ";
23>    SQL "ALTER DATABASE RENAME FILE ''/u02/app/oracle/oradata/orcl/redo/redo04.log''
24>        TO ''/u01/app/oracle/oradata/orcl/redo/redo04.log'' ";
25>    SQL "ALTER DATABASE RENAME FILE ''/u03/app/oracle/oradata/orcl/redo/redo04_b.log''
26>        TO ''/u02/app/oracle/oradata/orcl/redo/redo04_b.log'' ";
27>
28>    SET UNTIL SCN 1375117;
29>
30>    RESTORE DATABASE;
31>    SWITCH DATAFILE ALL;
32>
33>    RECOVER DATABASE;
34> }
executing command: SET NEWNAME

executing command: SET NEWNAME

executing command: SET NEWNAME

executing command: SET NEWNAME

executing command: SET NEWNAME

executing command: SET NEWNAME

executing command: SET NEWNAME

using target database control file instead of recovery catalog
sql statement: ALTER DATABASE RENAME FILE
''/u02/app/oracle/oradata/orcl/redo/redo01.log'' TO
''/u01/app/oracle/oradata/orcl/redo/redo01.log''

sql statement: ALTER DATABASE RENAME FILE
''/u03/app/oracle/oradata/orcl/redo/red01_b.log'' TO
''/u02/app/oracle/oradata/orcl/redo/red01_b.log''
```

```
sql statement: ALTER DATABASE RENAME FILE
''/u02/app/oracle/oradata/orcl/redo/redo02.log'' TO
''/u01/app/oracle/oradata/orcl/redo/redo02.log''

sql statement: ALTER DATABASE RENAME FILE
''/u03/app/oracle/oradata/orcl/redo/redo02_b.log'' TO
''/u02/app/oracle/oradata/orcl/redo/redo02_b.log''

sql statement: ALTER DATABASE RENAME FILE
''/u02/app/oracle/oradata/orcl/redo/redo03.log'' TO
''/u01/app/oracle/oradata/orcl/redo/redo03.log''

sql statement: ALTER DATABASE RENAME FILE
''/u03/app/oracle/oradata/orcl/redo/redo03_b.log'' TO
''/u02/app/oracle/oradata/orcl/redo/redo03_b.log''

sql statement: ALTER DATABASE RENAME FILE
''/u02/app/oracle/oradata/orcl/redo/redo04.log'' TO
''/u01/app/oracle/oradata/orcl/redo/redo04.log''

sql statement: ALTER DATABASE RENAME FILE
''/u03/app/oracle/oradata/orcl/redo/redo04_b.log'' TO
''/u02/app/oracle/oradata/orcl/redo/redo04_b.log''

executing command: SET until clause

Starting restore at 27-APR-10
allocated channel: ORA_DISK_1
channel ORA_DISK_1: SID=17 device type=DISK
allocated channel: ORA_DISK_2
channel ORA_DISK_2: SID=1 device type=DISK

channel ORA_DISK_1: starting datafile backup set restore
channel ORA_DISK_1: specifying datafile(s) to restore from backup set
channel ORA_DISK_1: restoring datafile 00003 to
/u01/app/oracle/oradata/orcl/undotbs01.dbf
channel ORA_DISK_1: restoring datafile 00005 to
/u01/app/oracle/oradata/orcl/example01.dbf
channel ORA_DISK_1: restoring datafile 00006 to /u01/app/oracle/oradata/orcl/test.dbf
channel ORA_DISK_1: reading from backup piece
/u01/app/oracle/oradata/orcl/backup/22lc5nqv_1_1
channel ORA_DISK_2: starting datafile backup set restore
channel ORA_DISK_2: specifying datafile(s) to restore from backup set
channel ORA_DISK_2: restoring datafile 00004 to /u01/app/oracle/oradata/orcl/users01.dbf
channel ORA_DISK_2: reading from backup piece
/u01/app/oracle/oradata/orcl/backup/23lc5ns4_1_1
channel ORA_DISK_2: piece handle=/u01/app/oracle/oradata/orcl/backup/23lc5ns4_1_1
tag=TAG20100427T094358
channel ORA_DISK_2: restored backup piece 1
channel ORA_DISK_2: restore complete, elapsed time: 00:00:07
channel ORA_DISK_2: starting datafile backup set restore
channel ORA_DISK_2: specifying datafile(s) to restore from backup set
channel ORA_DISK_2: restoring datafile 00001 to /u01/app/oracle/oradata/orcl/system01.dbf
channel ORA_DISK_2: restoring datafile 00002 to /u01/app/oracle/oradata/orcl/sysaux01.dbf
channel ORA_DISK_2: restoring datafile 00007 to /u01/app/oracle/oradata/orcl/dbfs01.dbf
channel ORA_DISK_2: reading from backup piece
/u01/app/oracle/oradata/orcl/backup/21lc5nqv_1_1
channel ORA_DISK_1: piece handle=/u01/app/oracle/oradata/orcl/backup/22lc5nqv_1_1
tag=TAG20100427T094358
channel ORA_DISK_1: restored backup piece 1
channel ORA_DISK_1: restore complete, elapsed time: 00:00:23
channel ORA_DISK_2: piece handle=/u01/app/oracle/oradata/orcl/backup/21lc5nqv_1_1
tag=TAG20100427T094358
channel ORA_DISK_2: restored backup piece 1
channel ORA_DISK_2: restore complete, elapsed time: 00:00:56
Finished restore at 27-APR-10

datafile 1 switched to datafile copy
input datafile copy RECID=9 STAMP=717436375 file
name=/u01/app/oracle/oradata/orcl/system01.dbf
datafile 2 switched to datafile copy
input datafile copy RECID=10 STAMP=717436375 file
name=/u01/app/oracle/oradata/orcl/sysaux01.dbf
datafile 3 switched to datafile copy
input datafile copy RECID=11 STAMP=717436375 file
name=/u01/app/oracle/oradata/orcl/undotbs01.dbf
datafile 4 switched to datafile copy
```

```
input datafile copy RECID=12 STAMP=717436375 file
name=/u01/app/oracle/oradata/orcl/users01.dbf
datafile 5 switched to datafile copy
input datafile copy RECID=13 STAMP=717436375 file
name=/u01/app/oracle/oradata/orcl/example01.dbf
datafile 6 switched to datafile copy
input datafile copy RECID=14 STAMP=717436375 file
name=/u01/app/oracle/oradata/orcl/test.dbf
datafile 7 switched to datafile copy
input datafile copy RECID=15 STAMP=717436375 file
name=/u01/app/oracle/oradata/orcl/dbfs01.dbf

Starting recover at 27-APR-10
using channel ORA_DISK_1
using channel ORA_DISK_2

starting media recovery

channel ORA_DISK_1: starting archived log restore to default destination
channel ORA_DISK_1: restoring archived log
archived log thread=1 sequence=2
channel ORA_DISK_1: reading from backup piece
/u01/app/oracle/oradata/orcl/backup/24lc5o0c_1_1
channel ORA_DISK_1: piece handle=/u01/app/oracle/oradata/orcl/backup/24lc5o0c_1_1
tag=TAG20100427T094652
channel ORA_DISK_1: restored backup piece 1
channel ORA_DISK_1: restore complete, elapsed time: 00:00:01
archived log file name=/u02/oradata/orcl/arch/1_2_717335393.dbf thread=1 sequence=2
media recovery complete, elapsed time: 00:00:01
Finished recover at 27-APR-10

RMAN>
```

En este momento ya tenemos restaurada la base de datos y tan solo queda abrirla con la opción RESETLOGS para finalizar.

```
RMAN> alter database open resetlogs;

database opened

RMAN>
```

Restauración en plataformas de sistema operativo distintas.

Cuando se realiza una restauración en una plataforma de sistema operativo distinta a la plataforma de sistema operativo origen, por ejemplo de AIX a Linux, es necesario indicarle a RMAN que convierta los datafiles de la base de datos a la nueva plataforma para que se ajusten las cabeceras de los datafiles a la nueva plataforma.

En este capítulo vamos a explicar cómo realizar las diferentes posibilidades de conversión, ya sea a nivel de base de datos completa, a nivel de tablespace o a nivel de datafile.

Para realizar los ejemplos de este capítulo asumiremos los siguientes nombres para las instancias de base de datos con independencia de su plataforma y sistema operativo.

SID Base de Datos origen: PROD
SID Base de Datos destino: newdb
SID Base de Datos de RMAN: RMAN
IP Servidor origen: 10.100.100.10
IP Servidor destino: 10.100.100.30

Pasos comunes

Con la siguiente consulta podemos determinar todos los tipos de formatos endian en todas las plataformas soportadas por Oracle. Esto nos será útil más adelante para saber cual debemos elegir a la hora de realizar la conversión o para cerciorarnos si podemos convertir la base de datos entera al coincidir el formato endian, o si por el contrario es necesario convertir a nivel de tablespace o datafile al tener distinto formato endian.

```
[oracle@solaris] export ORACLE_SID=PROD

[oracle@solaris] sqlplus "/as sysdba"



SQL> select
  2        *
  3  from
  4        v$transportable_platform;

PLATFORM_ID PLATFORM_NAME                       ENDIAN_FORMAT
----------- ----------------------------------- -------------
1           Solaris[tm] OE (32-bit)             Big
2           Solaris[tm] OE (64-bit)             Big
7           Microsoft Windows NT                Little
10          Linux IA (32-bit)                   Little
6           AIX-Based Systems (64-bit)          Big
3           HP-UX (64-bit)                      Big
5           HP Tru64 UNIX                       Little
4           HP-UX IA (64-bit)                   Big
11          Linux IA (64-bit)                   Little
15          HP Open VMS                         Little
8           Microsoft Windows IA (64-bit)       Little
9           IBM zSeries Based Linux             Big
13          Linux 64-bit for AMD                Little
16          Apple Mac OS                        Big
12          Microsoft Windows 64-bit for AMD    Little
```

Para averiguar la plataforma que estamos utilizando en la base de datos origen, se ejecutará la siguiente consulta.

```
SQL> select
  2         name
  3        ,platform_id
  4        ,platform_name
  5  from
  6       v$database;

NAME    PLATFORM_ID PLATFORM_NAME
------- ----------- -----------------------
PROD              2 Solaris[tm] OE (64-bit)
```

Base de datos

Si tras realizar las consultas anteriores determinamos que tanto la plataforma origen como la plataforma destino poseen el mismo formato endian, podremos convertir la base de datos completa. Por ejemplo podemos convertir una base de datos desde Microsoft Windows a Linux x86 ya que ambos tienen un formato Little-endian, o desde un HP-UX a un AIX ya que ambos tienen un formato big-endian, sin embargo no podremos realizar una conversión de la base de datos completa si la plataforma origen es un HP-UX y la de destino un Linux x86 ya que ambos tienen un formato endian diferente (big-endian y little-endian), en este caso se deberá convertir a nivel de tablespace o de datafile, pasos que se explican en secciones posteriores dentro de este mismo capítulo.

Para poder convertir una base de datos completa, la base de datos origen debe permanecer en modo "read only" para evitar modificaciones durante su conversión.

En este ejemplo asumiremos que la base de datos origen se encuentra en una plataforma Solaris de 64 bits y la base de datos destino se encontrará en una plataforma HP-UX de 64 bits.

A continuación se muestran los pasos necesarios para realizar la conversión de la base de datos.

Los pasos que se tienen que realizar son los siguientes:

1. Poner la base de datos origen en modo solo lectura.

2. Ejecutar la función DBMS_TDB.CHECK_DB.

3. Ejecutar la función DBMS_TDB.CHECK_EXTERNAL.

4. Convertir la base de datos.

5. Mover los datafiles convertidos a la nueva ubicación.

6. Adaptar el script al servidor destino.

7. Adaptar el init.ora al servidor destino.

8.Ejecutar el script de conversión.

Paso 1. Poner la base de datos origen en modo de solo lectura.

```
[oracle@solaris] export ORACLE_SID=PROD
[oracle@solaris] sqlplus "/as sysdba"
SQL> shutdown immediate;
SQL> startup mount;
SQL> alter database open read only;
```

Paso 2. Ejecutar la función DBMS_TDB.CHECK_DB.

La ejecución de la siguiente función verifica que la base de datos destino es compatible con la base de datos origen.

```
SQL> SET SERVEROUTPUT ON
SQL> DECLARE
  2      db_ready BOOLEAN;
  3    BEGIN
  4        db_ready :=
  5        DBMS_TDB.CHECK_DB('HP-UX (64-bit)',DBMS_TDB.SKIP_READONLY);
  6    END;
  7    /

PL/SQL procedure successfully completed.
```

Si el resultado de la ejecución es satisfactorio se podrá continuar con los pasos restantes para convertir la base de datos, en caso contrario no podrá convertirse y solo podría convertirse a nivel de tablespace o de datafile.

Paso 3. Ejecutar la función DBMS_TDB.CHECK_EXTERNAL.

Con esta función se verifica la existencia de tablas externas, directorios o BFILEs en la base de datos. RMAN no puede automatizar la conversión de este tipo de ficheros, por lo que se necesita que sean identificados para poder recrearlos manualmente en la base de datos destino.

```
SQL> SET SERVEROUTPUT ON

SQL> DECLARE
  2   external BOOLEAN;
  3  BEGIN
  4     /* value of external is ignored, but with SERVEROUTPUT set to ON
  5      * dbms_tdb.check_external displays report of external objects
  6      * on console */
  7     external := DBMS_TDB.CHECK_EXTERNAL;
  8  END;
  9  /
```

Si la ejecución de la función no devuelve resultados quiere decir que no hay objetos de tipo external en la base de datos, en caso contrario obtendremos una salida similar a la siguiente.

```
The following external tables exist in the database:
SH.SALES_TRANSACTIONS_EXT
The following directories exist in the database:
SYS.DATA_PUMP_DIR, SYS.MEDIA_DIR, SYS.DATA_FILE_DIR, SYS.LOG_FILE_DIR
The following BFILEs exist in the database:
PM.PRINT_MEDIA

PL/SQL procedure successfully completed.

SQL>
```

Paso 4. Convertir la base de datos.

Desde una nueva ventana terminal abierta sobre el servidor de la base de datos origen, nos conectamos a RMAN para ejecutar la conversión.

```
[oracle@solaris] export ORACLE_SID=PROD

[oracle@solaris] rman target=/ catalog=rman/rman@RMAN

RMAN> CONVERT DATABASE
2>    NEW DATABASE 'newdb'
3>    TRANSPORT SCRIPT '/tmp/convertdb/transportscript.sql'
4>    TO PLATFORM 'HP-UX (64-bit)'
5>    DB_FILE_NAME_CONVERT '/disk1/oracle/dbs' '/tmp/convertdb';

Starting convert at 25-NOV-15
using channel ORA_DISK_1

External table SH.SALES_TRANSACTIONS_EXT found in the database

Directory SYS.DATA_PUMP_DIR found in the database
Directory SYS.MEDIA_DIR found in the database
Directory SYS.DATA_FILE_DIR found in the database
```

99

```
Directory SYS.LOG_FILE_DIR found in the database

BFILE PM.PRINT_MEDIA found in the database

User SYS with SYSDBA and SYSOPER privilege found in password file
User OPER with SYSDBA privilege found in password file
channel ORA_DISK_1: starting datafile conversion
input datafile fno=00001 name=/disk1/oracle/dbs/tbs_01.f
converted datafile=/tmp/convertdb/tbs_01.f
channel ORA_DISK_1: datafile conversion complete, elapsed time: 00:00:15
channel ORA_DISK_1: starting datafile conversion
input datafile fno=00002 name=/disk1/oracle/dbs/tbs_ax1.f
converted datafile=/tmp/convertdb/tbs_ax1.f
channel ORA_DISK_1: datafile conversion complete, elapsed time: 00:00:03
.
.
.
channel ORA_DISK_1: starting datafile conversion
input datafile fno=00016 name=/disk1/oracle/dbs/tbs_52.f
converted datafile=/tmp/convertdb/tbs_52.f
channel ORA_DISK_1: datafile conversion complete, elapsed time: 00:00:01
Run SQL script /tmp/convertdb/transportscript.sql on the destination platform
   to create database
Edit init.ora file init_00gb3vfv_1_0.ora. This PFILE will be used to
   create the database on the destination platform
To recompile all PL/SQL modules, run utlirp.sql and utlrp.sql on
   the destination platform
To change the internal database identifier, use DBNEWID Utility
Finished backup at 25-NOV-15
```

A continuación, desde el terminal que tenemos abierto con sqlplus conectado a la base de datos origen, pondremos de nuevo la base de datos en modo "*read/write*".

```
SQL> shutdown immediate;

SQL> startup;
```

Paso 5. Copiar los datafiles convertidos a la nueva ubicación.

En este paso copiaremos todos los ficheros generados por RMAN en el filesystem /tmp del servidor origen al filesystem /tmp del servidor destino. Antes de realizar la copia, es preciso asegurarse que en el filesystem del servidor destino tenemos espacio suficiente para copiar los archivos.

```
[oracle@solaris] cd /tmp

[oracle@solaris] scp -rp convertdb oracle@10.100.100.30:/tmp
```

Paso 6. Adaptar el script al servidor destino.

A partir de aquí todos los pasos se ejecutarán desde una nueva ventana terminal conectada con el servidor de destino.

Puede darse la situación que en el servidor destino los path donde se ubicarán los ficheros sean diferentes, por ejemplo están organizados en diferentes filesystems o diskgroups en el caso de ASM, o bien que deseemos que los datafiles tengan otro nombre/nomenclatura distinta a la utilizada en el servidor origen. En estos casos es preciso modificar el script `transportscript.sql` que hemos creado con RMAN en el paso 4.

En el siguiente ejemplo editamos el script `transportscript.sql` creado con RMAN en el paso 4 y cambiamos la ubicación y nombre del datafile correspondiente al tablespace `SYSTEM` de la base de datos.

```
ANTES:
CONVERT DATAFILE '/u01/oradata/DBUA/datafile/o1_mf_system_21g3905p_.dbf'
   FROM PLATFORM 'Solaris[tm] OE (64-bit)'
   FORMAT '/tmp/convertdb/o1_mf_system_21g3905p_.dbf';
```

```
DESPUÉS:
CONVERT DATAFILE '/u01/oradata/DBUA/datafile/o1_mf_system_21g3905p_.dbf'
   FROM PLATFORM 'Solaris[tm] OE (64-bit)'
   FORMAT '/oradata/system/system01.dbf';
```

Paso 7. Adaptar el init.ora al servidor destino.

Existe la posibilidad que necesitemos editar el fichero `init_00gb3vfv_1_0.ora` que nos ha creado RMAN en el paso 4 y que se encuentra en la ruta `/tmp/convertdb`, sobre todo si vamos a cambiar las rutas de los ficheros, o la parametrización de la base de datos destino va a ser diferente a la de la base de datos origen, por ejemplo que cambie la memoria, o el undo, o el archivado, etc. en ese caso conviene modificar el fichero y dejar ajustada la parametrización antes de continuar con los siguientes pasos.

Paso 8.Ejecutar el script de conversión.

```
[oracle@hpux] export ORACLE_SID=newdb
[oracle@hpux] sqlplus "/as sysdba"
SQL> @/tmp/transportscript.sql
```

Tablespaces

Este tipo de conversión se utiliza cuando no ha sido posible una conversión completa de la base de datos al tener el formato endian totalmente diferente, por ejemplo HP-UX y Linux de 64 bits, o se quiere recuperar uno o varios tablespaces procedentes de otra base de datos y/o plataforma con independencia del formato de endian que tengan

En este ejemplo asumiremos que la base de datos origen se encuentra en una plataforma Linux de 64 bits y la base de datos destino se encontrará en una plataforma HP-UX de 64 bits, ambas con formato endian incompatibles, sin embargo el método es idéntico y puede ser utilizado para plataformas con formato endian compatibles.

A continuación se muestran los pasos necesarios para realizar la conversión de los tablespaces.

Los pasos que se tienen que realizar son los siguientes:

1. *Poner el tablespace origen en modo solo lectura.*

2. *Convertir el tablespace.*

3. *Realizar un export data pump del tablespace.*

4. *Copiar el contenido de* `/tmp/convertdb` *a la nueva ubicación.*

5. *Importar el tablespace con un import data pump.*

1. Poner el tablespace origen en modo solo lectura.

```
[oracle@linux] export ORACLE_SID=PROD
[oracle@linux] sqlplus "/as sysdba"
SQL> alter tablespace HR read only;
```

2. Convertir el tablespace.

Desde una nueva ventana de terminal conectar a RMAN para convertir el tablespace que previamente hemos puesto en modo solo lectura.

```
[oracle@linux] export ORACLE_SID=PROD
```

```
[oracle@linux] rman target=/ catalog=rman/rman@RMAN

RMAN> CONVERT TABLESPACE HR
2>    TO PLATFORM 'HP-UX (64-bit)'
3>    FORMAT '/tmp/convertdb/%U';
```

El resultado de este comando es un conjunto de datafiles idéntico al del origen con los datos convertidos en el formato endian correcto para HP-UX de 64 bits.

3. Realizar un export data pump del tablespace.

Desde la ventana terminal donde estamos conectados a la base de datos origen con sqlplus, creamos un objeto directorio sobre la ruta /tmp/convert para poder almacenar en la misma ruta el export que realizaremos, después hacemos una exportación del tablespace, eliminamos el objeto directorio y como ya no necesitamos acceder al tablespace origen, lo volvemos a poner en modo lectura y escritura.

```
SQL> create or replace directory convert_dir as '/tmp/convertdb';

SQL> grant read, write on directory convert_dir to system;

SQL> exit;

[oracle@linux] expdp userid=system/Tu.p4SSw0rd directory=convert_dir
transport_tablespaces=HR dumpfile=hr_data.dmp logfile=hr_data.log

[oracle@linux] sqlplus "/as sysdba"

SQL> drop directory convert_dir;

SQL> alter tablespace HR read write;

SQL> exit;
```

4.Copiar el contenido de /tmp/convertdb a la nueva ubicación.

Desde la misma ventana terminal utilizada en el paso 3, copiamos todos los ficheros que se han generado en la ruta /tmp/convertdb al servidor de destino. Antes de realizar la copia, es preciso asegurarse que en el filesystem del servidor destino tenemos espacio suficiente para copiar los archivos.

```
[oracle@linux] cd /tmp

[oracle@linux] scp -rp convertdb oracle@10.100.100.30:/tmp
```

5.Importar el tablespace con un import data pump.

Desde una nueva ventana terminal conectada al servidor de destino copiaremos los datafiles a la ruta definitiva, después crearemos el objeto directorio sobre la ruta /tmp/convertdb e importaremos el tablespace en la nueva ruta.

```
[oracle@hpux] cd /tmp/convertdb

[oracle@hpux] cp hr01.dbf /oradata/newdb

[oracle@hpux] export ORACLE_SID=newdb

[oracle@hpux] sqlplus "/as sysdba"

SQL> create or replace directory convert_dir as '/tmp/convertdb';

SQL> grant read, write on directory convert_dir to system;

SQL> exit;

[oracle@hpux] impdp userid=system/Tu.p4SSw0rd directory=convert_dir dumpfile=hr_data.dmp
logfile=imp_hr_data.log transport_datafiles='/oradata/newdb/hr01.dbf'

[oracle@hpux] sqlplus "/as sysdba"

SQL> alter tablespace HR read write;

SQL> drop directory convert_dir;

SQL> exit;
```

Ficheros de comandos.

En esta sección se muestran ejemplos con las diferentes formas de ejecutar un fichero de comandos de RMAN.

Ejecutar un fichero de comandos de RMAN desde el sistema operativo.

El siguiente ejemplo muestra como ejecutar un script que contiene comandos de RMAN desde la línea de comandos del sistema operativo. Asumimos que tenemos el siguiente script llamado `backup_full.rman` con comandos de RMAN.

```
RUN
{
backup database spfile plus archivelog;
}
```

A continuación ejecutamos el script.

```
[oracle@linux] export ORACLE_SID=PROD
[oracle@linux] rman target=/ catalog=rman/rman@RMAN @backup_full.rman
```

Ejecutar un fichero de comandos de RMAN desde dentro de RMAN.

El siguiente ejemplo muestra como ejecutar un script que contiene comandos de RMAN desde la línea de comandos de RMAN. Asumimos que tenemos el siguiente script llamado `backup_full.rman` con comandos de RMAN.

```
RUN
{
backup database spfile plus archivelog;
}
```

A continuación ejecutamos el script.

```
[oracle@linux] export ORACLE_SID=PROD
[oracle@linux] rman target=/ catalog=rman/rman@RMAN
RMAN> @backup_full.rman
```

Conexiones a RMAN.

En esta sección se muestran las diferentes formas de conectar a la herramienta RMAN.

Conectar a RMAN sin utilizar el catálogo.

El siguiente ejemplo muestra como conectar a una base de datos con RMAN sin utilizar el catálogo de recuperación.

```
[oracle@linux] export ORACLE_SID=PROD

[oracle@linux] rman target=/ nocatalog

connected to target database: PROD (DBID=39525561)
```

Una vez establecida la conexión sin utilizar el catálogo no se podrá conectar al catálogo, siendo necesario salir de RMAN y volver a entrar conectando al catálogo.

```
RMAN> CONNECT CATALOG rman@RMAN

RMAN-00571: ===========================================================
RMAN-00569: =============== ERROR MESSAGE STACK FOLLOWS ===============
RMAN-00571: ===========================================================
RMAN-06445: cannot connect to recovery catalog after NOCATALOG has been used
```

Conectando a las bases de datos target, catálogo de recuperación y auxiliar.

Los siguientes ejemplos muestran como conectar a las bases de datos target, la del catálogo de RMAN y a la auxiliar.

```
[oracle@linux] export ORACLE_SID=PROD

[oracle@linux] rman target=/ catalog=rman/rman@RMAN auxiliary=sys/Tu.p4SSw0rd@NEWDB

connected to target database: PROD (DBID=39525561)

connected to recovery catalog database

connected to auxiliary database: NEWDB (not mounted)
```

```
[oracle@linux] export ORACLE_SID=PROD
```

```
[oracle@linux] rman

RMAN> connect target;

connected to target database: PROD (DBID=39525561)

RMAN> connect catalog rman/rman@RMAN;

connected to recovery catalog database

RMAN> connect auxiliary sys/Tu.p4SSw0rd@NEWDB

connected to auxiliary database: NEWDB (not mounted)
```

Configuración de RMAN.

En esta sección se muestran con ejemplos las diferentes formas de configurar y personalizar RMAN.

Configuración de los dispositivos de almacenamiento.

El siguiente ejemplo muestra como configurar los canales para utilizar tanto el disco como la cinta como dispositivo de almacenamiento del backup y restore. Para ello se utilizará el comando CONFIGURE.

```
[oracle@linux] export ORACLE_SID=PROD

[oracle@linux] rman target=/ catalog=rman/rman@RMAN

RMAN> CONFIGURE DEFAULT DEVICE TYPE TO disk;


[oracle@linux] export ORACLE_SID=PROD

[oracle@linux] rman target=/ catalog=rman/rman@RMAN

RMAN> CONFIGURE CHANNEL DEVICE TYPE DISK FORMAT '/disk1/backups/%U';


[oracle@linux] export ORACLE_SID=PROD

[oracle@linux] rman target=/ catalog=rman/rman@RMAN

RMAN> CONFIGURE DEFAULT DEVICE TYPE TO sbt;


[oracle@linux] export ORACLE_SID=PROD

[oracle@linux] rman target=/ catalog=rman/rman@RMAN

RMAN> CONFIGURE CHANNEL DEVICE TYPE sbt PARMS 'ENV=(OB_DEVICE_1=tape1)';
```

Configuración de la política de retención.

Por defecto RMAN tiene configurada una política de retención de backups de 1 día. Esto quiere decir que cuando llegue el día número 2, el primer backup quedará obsoleto y no se tendrá en cuenta para ser utilizado. En la mayoría de las ocasiones es preciso cambiar la política ya que con 1 día no es suficiente para recuperarse de una perdida de datos, y es preciso definir políticas de retención más altas.

El siguiente ejemplo muestra cómo cambiar la política de retención en el catálogo de RMAN.

```
[oracle@linux] export ORACLE_SID=PROD

[oracle@linux] rman target=/ catalog=rman/rman@RMAN

RMAN> CONFIGURE RETENTION POLICY TO RECOVERY WINDOW OF 90 DAYS;
```

Configuración de canales automáticos en Oracle RAC.

Para el siguiente ejemplo asumimos que tenemos una base de datos en Oracle RAC con dos instancias. La unidad de cinta tape1 apunta directamente al nodo1 y la unidad de cinta tape2 apunta directamente al nodo2.

```
[oracle@linux] export ORACLE_SID=PROD

[oracle@linux] rman target=/ catalog=rman/rman@RMAN

RMAN> CONFIGURE DEVICE TYPE sbt PARALLELISM 2;

RMAN> CONFIGURE DEFAULT DEVICE TYPE TO sbt;

RMAN> CONFIGURE CHANNEL 1 DEVICE TYPE sbt CONNECT '@node1'
2>     PARMS 'ENV=(OB_DEVICE=tape1)';

RMAN> CONFIGURE CHANNEL 2 DEVICE TYPE sbt CONNECT '@node2'
2>     PARMS 'ENV=(OB_DEVICE=tape2)';
```

Configuración del autobackup del controlfile.

El siguiente ejemplo muestra como activar la característica de autobackup y como configurar el formato tanto para disco como para cinta.

```
[oracle@linux] export ORACLE_SID=PROD

[oracle@linux] rman target=/ catalog=rman/rman@RMAN

RMAN> CONFIGURE CONTROLFILE AUTOBACKUP ON;

[oracle@linux] export ORACLE_SID=PROD

[oracle@linux] rman target=/ catalog=rman/rman@RMAN

RMAN> CONFIGURE CONTROLFILE AUTOBACKUP FORMAT FOR DEVICE TYPE DISK TO '/disk2/%F';

[oracle@linux] export ORACLE_SID=PROD

[oracle@linux] rman target=/ catalog=rman/rman@RMAN
```

```
RMAN> CONFIGURE CONTROLFILE AUTOBACKUP FORMAT FOR DEVICE TYPE sbt TO 'cf_auto_%F';
```

Configuración para bases de datos en standby (Dataguard).

Para los siguientes ejemplos asumimos que tenemos una base de datos primaria llamada PROD asociada a dos bases de datos con los DB_UNIQUE_NAME dgprod3 y dgprod4. También asumimos que nos hemos conectado a la base de datos PROD y al catálogo de RMAN.

Los comandos del siguiente ejemplo configurarán el almacenamiento por defecto para dgprod3 y dgprod4.

```
[oracle@linux] rman target=/ catalog=rman/rman@RMAN

RMAN> CONFIGURE DEFAULT DEVICE TYPE TO sbt
2>    FOR DB_UNIQUE_NAME dgprod3;

RMAN> CONFIGURE DEVICE TYPE sbt PARALLELISM 2
2>    FOR DB_UNIQUE_NAME dgprod3;

RMAN> CONFIGURE DEFAULT DEVICE TYPE TO DISK
2>    FOR DB_UNIQUE_NAME dgprod4;
```

La sincronización de los controlfile de las bases de datos en standby con las nuevas actualizaciones se realizará justo después de hacer una resincronización reversa. Esto ocurre la primera vez que el usuario conecta a las bases de datos dgprod3 y dgprod4.

El siguiente ejemplo muestra la configuración del almacenamiento que hay en el catálogo de RMAN para la base de datos dgprod3.

```
[oracle@linux] rman target=/ catalog=rman/rman@RMAN

RMAN> SHOW DEVICE TYPE FOR DB_UNIQUE_NAME dgprod3;
RMAN configuration parameters for database with db_unique_name DGPROD3 are:

CONFIGURE DEVICE TYPE 'SBT_TAPE' PARALLELISM 2 BACKUP TYPE TO BACKUPSET;
CONFIGURE DEVICE TYPE DISK PARALLELISM 1 BACKUP TYPE TO BACKUPSET; # default
```

El siguiente ejemplo muestra toda la configuración que hay en el catálogo de RMAN para la base de datos dgprod4.

```
[oracle@linux] rman target=/ catalog=rman/rman@RMAN
```

```
RMAN> SHOW ALL FOR DB_UNIQUE_NAME dgprod4;
```

El siguiente ejemplo muestra toda la configuración de todas las bases de datos que hay en el catálogo de RMAN con el mismo DBID.

```
[oracle@linux] rman target=/ catalog=rman/rman@RMAN
RMAN> SET DBID 3257174182;
RMAN> SHOW ALL FOR DB_UNIQUE_NAME ALL;
```

Configuración del algoritmo de compresión.

Para realizar este ejemplo asumimos que se dispone de la pertinente licencia para utilizar Advanced Compression Option (ACO) en la base de datos.

El siguiente ejemplo muestra como configurar y realizar un backup comprimido mediante un algoritmo de tipo medio.

```
[oracle@linux] export ORACLE_SID=PROD
[oracle@linux] rman target=/ catalog=rman/rman@RMAN
RMAN> CONFIGURE COMPRESSION ALGORITHM 'MEDIUM';
RMAN> BACKUP AS COMPRESSED BACKUPSET DATABASE;
```

Configuración de la ruta por defecto para backups en disco.

El siguiente ejemplo muestra como configurar la ruta que se utilizará por defecto para almacenar un backup.

```
[oracle@linux] export ORACLE_SID=PROD
[oracle@linux] rman target=/ catalog=rman/rman@RMAN
RMAN> RUN
1> {
2>    ALLOCATE CHANNEL d1 DEVICE TYPE DISK FORMAT = '/disk1/bkup_%U';
3>    BACKUP DATABASE;
4> }
```

Configuración del tamaño máximo de cada archivo del backup.

El siguiente ejemplo muestra como indicar el tamaño máximo de cada archivo o pieza de backup. En este caso a través del parámetro MAXPIECESIZE indicamos que cada archivo de backup no debe superar los 800Mb.

```
[oracle@linux] export ORACLE_SID=PROD

[oracle@linux] rman target=/ catalog=rman/rman@RMAN

RMAN> RUN
1> {
2>    ALLOCATE CHANNEL c1 DEVICE TYPE sbt
3>       PARMS 'SBT_LIBRARY=/usr/local/oracle/backup/lib/libobk.so,
ENV=(OB_DEVICE_1=stape1)'
4>       MAXPIECESIZE 800M;
5>    BACKUP DATABASE;
6> }
```

Migrar de almacenamiento con RMAN.

Los ejemplos de esta sección muestran cómo realizar cambios de tipo de almacenamiento utilizando RMAN.

Migrar datafiles desde filesystem a ASM en local.

Este ejemplo muestra como copiar datafiles desde un almacenamiento de tipo filesystem a un almacenamiento de Oracle ASM.

```
[oracle@linux] export ORACLE_SID=PROD

[oracle@linux] rman target=/ catalog=rman/rman@RMAN

RMAN> CONVERT DATAFILE '/disk1/oracle/dbs/hr01.dbf', '/disk1/oracle/dbs/hr02.dbf'
   FORMAT '+DATA';

Starting conversion at 22-JUN-15
using channel ORA_DISK_1
channel ORA_DISK_1: starting datafile conversion
input filename=/disk1/oracle/dbs/hr01.dbf
converted datafile=+DATA/newdb/datafile/hr.280.559534477
channel ORA_DISK_1: datafile conversion complete, elapsed time: 00:00:16
channel ORA_DISK_1: starting datafile conversion
input filename=/disk1/oracle/dbs/hr02.df
converted datafile=+DATA/newdb/datafile/hr.281.559534493
channel ORA_DISK_1: datafile conversion complete, elapsed time: 00:00:04
Finished conversion at 22-JUN-15
```

Migrar datafiles desde ASM a filesystem en local.

Este ejemplo muestra como copiar datafiles desde un almacenamiento de Oracle ASM a un almacenamiento de tipo filesystem.

```
[oracle@linux] export ORACLE_SID=PROD

[oracle@linux] rman target=/ catalog=rman/rman@RMAN

RMAN> CONVERT TABLESPACE hr FORMAT '/oracle/oradata/newdb/tbs_2_%U.df';

Starting conversion at 23-JUN-15
using target database control file instead of recovery catalog
allocated channel: ORA_DISK_1
channel ORA_DISK_1: sid=20 devtype=DISK
channel ORA_DISK_1: starting datafile conversion
input datafile fno=00016 name=+DATA/hr.280.559534477
converted datafile=/oracle/oradata/newdb/hr_1_data_D-L2_I-6786301354_HR_1_FNO-
16_11gm2fq9.dbf
channel ORA_DISK_1: datafile conversion complete, elapsed time: 00:00:01
channel ORA_DISK_1: starting datafile conversion
input datafile fno=00017 name=+DATAFILE/tbs_22.f
converted datafile=/oracle/oradata/newdb/hr_2_data_D-L2_I-6786301254_HR_2_FNO-
17_12gm2fqa.dbf
channel ORA_DISK_1: datafile conversion complete, elapsed time: 00:00:01
Finished conversion at 23-JUN-05
```

Configurando nombres de archivos auxiliares en una duplicación.

En este ejemplo vamos a crear un script donde utilizamos el comando `CONFIGURE AUXNAME` para especificar nuevos nombres para los ficheros de datos. El comando `DUPLICATE` duplicará la base de datos en un host distinto con una estructura de directorios diferente.

```
[oracle@linux] export ORACLE_SID=PROD

[oracle@linux] rman target=/ catalog=rman/rman@RMAN

RMAN> CONFIGURE AUXNAME FOR DATAFILE 1 TO '/oracle/auxfiles/aux_1.f';
RMAN> CONFIGURE AUXNAME FOR DATAFILE 2 TO '/oracle/auxfiles/aux_2.f';
RMAN> CONFIGURE AUXNAME FOR DATAFILE 3 TO '/oracle/auxfiles/aux_3.f';
RMAN> CONFIGURE AUXNAME FOR DATAFILE 4 TO '/oracle/auxfiles/aux_4.f';

RMAN> RUN
2> {
3>    ALLOCATE AUXILIARY CHANNEL dupdb1 TYPE DISK;
4>    DUPLICATE TARGET DATABASE TO dupdb
5>    LOGFILE
6>       GROUP 1 ('?/dbs/dupdb_log_1_1.f',
7>                '?/dbs/dupdb_log_1_2.f') SIZE 4M,
8>       GROUP 2 ('?/dbs/dupdb_log_2_1.f',
9>                '?/dbs/dupdb_log_2_2.f') SIZE 4M REUSE;
10> }

RMAN> CONFIGURE AUXNAME FOR DATAFILE 1 CLEAR;
RMAN> CONFIGURE AUXNAME FOR DATAFILE 2 CLEAR;
RMAN> CONFIGURE AUXNAME FOR DATAFILE 3 CLEAR;
RMAN> CONFIGURE AUXNAME FOR DATAFILE 4 CLEAR;
```

Duplicación de bases de datos.

Los ejemplos de esta sección muestran diferentes ejemplos para llevar a cabo la duplicación de una base de datos.

Duplicar una base de datos.

RMAN nos ofrece la posibilidad de duplicar una base de datos existente en su catálogo, ya sea en el mismo servidor o en otro diferente utilizando para ello un backup completo. La diferencia entre ambas opciones radica únicamente en el nombre de la base de datos que indiquemos, es decir, RMAN creará la base de datos con el nombre que le indiquemos.

Para este tipo de recuperaciones se utilizará una conexión auxiliar, además de las conexiones a la base de datos origen y al catálogo, siendo la del catálogo opcional en caso de que la base de datos origen se encuentre en funcionamiento.

En el siguiente ejemplo se muestra como conectar a RMAN para duplicar una base de datos. En este caso, previamente esteramos ubicados en el servidor de destino y con la variable `ORACLE_SID` exportada con el valor de la nueva base de datos, si bien la recuperación se puede realizar desde el servidor origen indicando la cadena de conexión de la conexión auxiliar.

Para realizar las acciones descritas en este ejemplo asumimos las siguientes premisas.

- Nombres para las instancias de base de datos:
  SID Base de Datos Primaria: `PROD`
  SID Base de Datos Duplicada: `AUX`
  SID Base de Datos de RMAN: `RMAN`

- Medio de respaldo:
  Disco

- Puntos de montaje:

ORACLE_BASE = /oracle
ORACLE_HOME = /oracle/product/12.1/db_1
Datafiles = /oradata/{SID}
Backups = /backups/PROD

Los pasos que se tienen que realizar son los siguientes:

1. *Realizar un backup de la base de datos primaria.*

2. *Determinar cuánto espacio en disco será necesario.*

3. *Asegurar que hay espacio suficiente en la instancia ASM.*

4. *Asegurarse que el backup realizado esté disponible para la duplicación.*

5 *Crear un archivo init.ora y los directorios de administración para la base de datos duplicada.*

6. *Asegurar que las conexiones SQL*NET entre la base de datos primaria y el catálogo de RMAN funcionan correctamente.*

7. *Preparar el script RMAN de duplicación.*

8. *Ejecutar el script de RMAN.*

Paso 1. Backup de la base de datos primaria PROD.

El primer paso es crear un backup de la base de datos primaria.

El backup puede estar realizado tanto a nivel de tablespaces como a nivel completo. En este ejemplo usaremos un backup completo que además incluya el current controlfile y el archivado.

```
[oracle@linux] export ORACLE_SID=PROD

[oracle@linux] rman target=/ catalog=rman/rman@RMAN

RMAN> run {
allocate channel d1 type disk;
backup format '/backups/PROD/df_t%t_s%s_p%p' database;
sql 'alter system archive log current';
```

```
backup format '/backups/PROD/al_t%t_s%s_p%p' archivelog all;
release channel d1;
}
```

Paso 2. Determinar cuánto espacio de disco será necesario.

Para poder recuperar la base de datos en el host de destino, es necesario provisionar el espacio suficiente en dicho host para que el proceso de recuperación no falle. Para obtener el espacio necesario hay que conectarse a la base de datos PROD con un usuario DBA o con privilegios de consulta sobre el catálogo de la base de datos.

```
[oracle@linux] export ORACLE_SID=PROD

[oracle@linux] sqlplus "/as sysdba"

SQL> select DF.TOTAL/1048576 "DataFile Size Mb"
  2         ,LOG.TOTAL/1048576 "Redo Log Size Mb"
  3         ,CONTROL.TOTAL/1048576 "Control File Size Mb",
  4         ,(DF.TOTAL + LOG.TOTAL + CONTROL.TOTAL)/1048576 "Total Size Mb"
  5  from dual
  6         ,(select sum(a.bytes) TOTAL from dba_data_files a) DF
  7         ,(select sum(b.bytes) TOTAL from v$log b) LOG
  8         ,(select sum((cffsz+1)*cfbsz) TOTAL from x$kcccf c) CONTROL

  9  ;


DataFile Size Mb Redo Log Size Mb Control File Size Mb Total Size Mb
---------------- ---------------- -------------------- -------------
             900              150             20.34375    1070.34375
```

Paso 3. Asegurar que hay espacio suficiente en la instancia ASM.

Antes de iniciar el proceso de duplicación hay que confirmar que se dispone de espacio suficiente en la instancia ASM del host de destino.

```
[oracle@linux]  export ORACLE_SID=+ASM

[oracle@linux] sqlplus "/as sysasm"

SQL> select NAME
  2         ,STATE
  3         ,TOTAL_MB
  4         ,FREE_MB
  5  from v$asm_diskgroup;
```

```
NAME                               STATE    TOTAL_MB   FREE_MB
-----------------------------  ----------- ---------- ----------
DGROUP2                          MOUNTED        976         3
DGROUP3                          MOUNTED       4882      4830
```

Comparando el resultado obtenido en el paso 2 con el resultado que acabamos de obtener, se puede ver como disponemos de espacio suficiente en el diskgroup DGROUP3. En caso de que no hubiese espacio suficiente sería necesario añadir más discos a uno de los diskgroups existentes o bien crear un nuevo diskgroup con espacio suficiente antes de poder continuar con la duplicación.

Paso 4. Asegurarse que el backup realizado esté disponible para la duplicación.

Una vez finalizó satisfactoriamente el backup completo realizado en el paso 1, es necesario copiar todos los archivos que componen el backup completo (backup de la base de datos, archivado y current controlfile) del host origen al host destino en la ruta /backups/PROD que previamente se habrá creado en el host destino. Si el backup se copia en otra ruta distinta a la ruta origen o falta alguno de los archivos que conforman el backup, no se podrá realizar la restauración.

A continuación se muestra cómo obtener un listado completo de todos los archivos de backup y se destaca en negrita el nombre del archivo de backup.

```
[oracle@linux] export ORACLE_SID=PROD

[oracle@linux] rman target=/ catalog=rman/rman@RMAN

RMAN> list backup;

BS Key  Type LV Size Device Type Elapsed Time Completion Time
------- ---- ------- ----------- ------------ -------------------
22      Full 529M    DISK        00:00:51     2016/05/16 11:12:54
BP Key: 22 Status: AVAILABLE Compressed: NO Tag: TAG20160516T111203
Piece Name: /backups/PROD/df_t590584323_s23_p1
List of Datafiles in backup set 22
File LV Type Ckp SCN Ckp Time            Name
------- ---- ------- ------------------- -------------------------
1       Full 1393845 2016/05/16 11:12:03 /oradata/PROD/system01.dbf
2       Full 1393845 2016/05/16 11:12:03 /oradata/PROD/undotbs01.dbf
3       Full 1393845 2016/05/16 11:12:03 /oradata/PROD/sysaux01.dbf
4       Full 1393845 2016/05/16 11:12:03 /oradata/PROD/users01.dbf
```

```
BS Key  Type LV Size Device Type Elapsed Time Completion Time
------- ---- -- ------- ----------- ------------ -------------------
24 48M DISK 00:00:06 2016/05/16 11:13:07
BP Key: 24 Status: AVAILABLE Compressed: NO Tag: TAG20160516T111301
Piece Name: /backups/PROD/al_t590584381_s25_p1
List of Archived Logs in backup set 24
Thrd Seq Low SCN Low Time Next                SCN Next Time
---- ------- ------- ------------------- -------- -------------------
1    78     1344750 2016/05/15 04:55:34 1353208  2016/05/15 10:00:19
1    79     1353208 2016/05/15 10:00:19 1353213  2016/05/15 10:00:20
1    80     1353213 2016/05/15 10:00:20 1371564  2016/05/15 22:00:11
1    81     1371564 2016/05/15 22:00:11 1373291  2016/05/15 22:00:59
1    82     1373291 2016/05/15 22:00:59 1381066  2016/05/16 03:00:05
1    83     1381066 2016/05/16 03:00:05 1390685  2016/05/16 09:03:00
1    84     1390685 2016/05/16 09:03:00 1393870  2016/05/16 11:13:00
1    85     1393870 2016/05/16 11:13:00 1393929  2016/05/16 11:13:00
```

Paso 5. Crear un archivo init.ora y los directorios de administración para la base de datos duplicada.

Antes de comenzar la restauración de la instancia de base de datos duplicada, en el host destino es necesario crear un archivo de parámetros initAUX.ora y ubicarlo en el path $ORACLE_HOME/dbs para posteriormente poder levantar los procesos del motor Oracle. Así mismo, también es necesario crear en la ruta de administración del path ORACLE_BASE los directorios que contendrán los archivos de trazas con el fin de evitar errores cuando se proceda a levantar los procesos de Oracle de la nueva instancia de base de datos.

```
# +----------------------------------------+
# | FILE : initAUX.ora                     |
# | DATABASE NAME : AUX                    |
# +----------------------------------------+

# Definir la ubicación de los archivos de traza y nombre de la base de datos e instancia
audit_file_dest = /oracle/admin/AUX/adump
background_dump_dest = /oracle/admin/AUX/bdump
core_dump_dest = /oracle/admin/AUX/cdump
user_dump_dest = /oracle/admin/AUX/udump
db_name = "AUX"
instance_name = AUX

# Definir la ubicación del archivo de control.
control_files = +DGROUP2/control01.ctl

# Definir la ubicación de todos los datafiles y archivos de redolog que van a ser clonados
# y el diskgroup ASM al que se moverán
db_file_name_convert = ("/oradata/AUX", "+DGROUP3")
log_file_name_convert = ("/oradata/AUX", "+DGROUP3")

#Definir los mismos parámetros que contiene la base de datos de producción
undo_management = AUTO
undo_retention = 10800
undo_tablespace = UNDOTBS1
db_block_size = 8192
compatible = 12.1.0.1.0
```

Una vez creado el archivo de parámetros `initAUX.ora` se levantará la instancia `AUX` en modo `NOMOUNT`.

```
[oracle@linux]export ORACLE_SID=AUX
[oracle@linux] sqlplus "/as sysdba"
SQLPLUS> startup nomount;
```

Paso 6. Asegurar que las conexiones SQL*NET entre la base de datos primaria y el catálogo de RMAN funcionan correctamente.

Asegurar que las instancias de base de datos `PROD` y `RMAN` están abiertas o al menos en modo mount. A continuación chequear las conexiones SQL*NET desde el host de destino realizando una conexión básica con sqlplus. Una vez establecida la primera conexión, salir de sqlplus y probar la siguiente conexión.

```
[oracle@linux] sqlplus sys/oracle@PROD as sysdba
[oracle@linux] sqlplus rman/rman@RMAN
```

Paso 7. Preparar el script RMAN de duplicación.

En el host de destino, crear un script para RMAN al cual llamaremos `cr_duplicate.rcv`.

```
RUN {
allocate auxiliary channel C1 device type disk;
duplicate target database to AUX;
}
```

Paso 8. Ejecutar el script de RMAN.

Para ejecutar el script creado en el paso anterior es necesario conectar a RMAN indicando la cadena de conexión de la instancia a clonar u origen, la cadena de conexión del catálogo de RMAN y la cadena de conexión de la instancia clonada o destino. Una vez se ha establecido la conexión a `RMAN`, ejecutar el script creado en el paso anterior.

```
[oracle@linux] export ORACLE_SID=AUX
```

```
[oracle@linux] rman target sys/Tu.p4SSw0rd@PROD catalog rman/rman@rman auxiliary /
RMAN> @cr_duplicate.rcv
```

Duplicar una base de datos en otro host con la misma estructura de directorios.

En el siguiente ejemplo vamos a duplicar la base de datos PROD como PROD1 en un host que tiene la misma estructura de directorios que el host origen. Para hacer la duplicación no utilizaremos ningún backup existente de la base de datos PROD, permaneciendo la base de datos abierta y accesible durante la duplicación.

Para realizar la duplicación, asumimos que ambas bases de datos utilizan SPFILE como fichero de parámetros, en caso contrario debemos tener previamente preparado un archivo de parámetros correctamente configurado en el host de destino.

La duplicación se realizará conectando a RMAN desde el host de destino.

```
[oracle@linux] export ORACLE_SID=PROD1

[oracle@linux] rman target sys/Tu.p4SSw0rd@PROD catalog rman/rman@rman auxiliary /
RMAN> DUPLICATE TARGET DATABASE TO PROD1
2> FROM ACTIVE DATABASE
3> NOFILENAMECHECK
4> PASSWORD FILE
5> SPFILE;
```

Duplicar una base de datos en otro host con la misma estructura de directorios sin conectar a la base de datos origen.

El siguiente ejemplo es una variación del ejemplo anterior con un escenario en el que no disponemos de acceso a la base de datos origen PROD debido a que se encuentra parada por mantenimiento.

Para realizar la duplicación, asumimos que conocemos el DBID de la base de datos PROD y que ambas bases de datos utilizan SPFILE como fichero de parámetros, en caso contrario debemos tener previamente preparado un archivo de parámetros correctamente configurado en el host de destino.

La duplicación se realizará conectando a RMAN desde el host de destino.

```
[oracle@linux] export ORACLE_SID=PROD1

[oracle@linux] rman catalog rman/rman@rman auxiliary /

RMAN> DUPLICATE DATABASE 'PROD' DBID 38952658 TO 'PROD1' NOFILENAMECHECK;
```

Duplicar una base de datos en otro host con la misma estructura de directorios sin conectar a la base de datos origen ni al catálogo de RMAN.

El siguiente ejemplo es una variación de los dos ejemplos anteriores, con un escenario en el que no disponemos de acceso a la base de datos origen PROD ni al catálogo de RMAN, debido a que el nuevo host se encuentra en otra red.

Para realizar la duplicación asumimos que conocemos el DBID de la base de datos PROD y que disponemos de los archivos de backup de PROD en la ruta /backups.

La duplicación se realizará conectando a RMAN desde el host de destino.

```
[oracle@linux] export ORACLE_SID=PROD1

[oracle@linux] rman target /

RMAN> DUPLICATE DATABASE 'PROD' dbid 38952658 to 'PROD1'
1>   UNTIL TIME "to_date('16/05/2016', 'MM/DD/YYYY')"
2>   BACKUP LOCATION '/backups' NOFILENAMECHECK
3>   PFILE='?/dbs/initprod1.ora' db_file_name_convert='prod','prod1';
```

Duplicar una base de datos sin ASM en una con ASM en un host diferente.

Para realizar las acciones descritas en este ejemplo asumimos las siguientes premisas.

- Nombres para las instancias de base de datos:
  SID Base de Datos Primaria: `PROD`
  SID Base de Datos Duplicada: `AUX`
  SID Base de Datos de RMAN: `RMAN`

- Medio de respaldo:
  Disco

- Puntos de montaje:
  ORACLE_BASE = `/oracle`
  ORACLE_HOME = `/oracle/product/12.1/db_1`
  Datafiles = `/oradata/{SID}`
  Backups = `/backups/PROD`

Los pasos que se tienen que realizar son los siguientes:

1. *Realizar un backup de la base de datos primaria.*

2. *Determinar cuánto espacio en disco será necesario.*

3. *Asegurar que hay espacio suficiente en la instancia ASM.*

4. *Asegurarse que el backup realizado esté disponible para la duplicación.*

5 *Crear un archivo init.ora y los directorios de administración para la base de datos duplicada.*

6. *Asegurar que las conexiones SQL*NET entre la base de datos primaria y el catálogo de RMAN funcionan correctamente.*

7. *Preparar el script RMAN de duplicación.*

8. *Ejecutar el script de RMAN.*

Paso 1. Backup de la base de datos primaria PROD.

El primer paso es crear un backup de la base de datos primaria.

El backup puede estar realizado tanto a nivel de tablespaces como a nivel completo. En este ejemplo usaremos un backup completo que además incluya el current controlfile y el archivado.

```
[oracle@linux] export ORACLE_SID=PROD

[oracle@linux] rman target=/ catalog=rman/rman@RMAN

RMAN> run {
2> allocate channel d1 type disk;
3> backup format '/backups/PROD/df_t%t_s%s_p%p' database;
4> sql 'alter system archive log current';
5> backup format '/backups/PROD/al_t%t_s%s_p%p' archivelog all;
6> release channel d1;
7> }
```

Paso 2. Determinar cuánto espacio de disco será necesario.

Para poder recuperar la base de datos en el host de destino, es necesario provisionar el espacio suficiente en dicho host para que el proceso de recuperación no falle. Para obtener el espacio necesario hay que conectarse a la base de datos PROD con un usuario DBA o con privilegios de consulta sobre el catálogo de la base de datos.

```
[oracle@linux] export ORACLE_SID=PROD

[oracle@linux] sqlplus "/as sysdba"

SQL> select DF.TOTAL/1048576 "DataFile Size Mb",
            LOG.TOTAL/1048576 "Redo Log Size Mb",
            CONTROL.TOTAL/1048576 "Control File Size Mb",
            (DF.TOTAL + LOG.TOTAL + CONTROL.TOTAL)/1048576 "Total Size Mb"
    from dual,
            (select sum(a.bytes) TOTAL from dba_data_files a) DF,
            (select sum(b.bytes) TOTAL from v$log b) LOG,
            (select sum((cffsz+1)*cfbsz) TOTAL from x$kcccf c) CONTROL;

DataFile Size Mb Redo Log Size Mb Control File Size Mb Total Size Mb
---------------- ---------------- -------------------- -------------
            900              150             20.34375    1070.34375
```

Paso 3. Asegurar que hay espacio suficiente en la instancia ASM.

Antes de iniciar el proceso de duplicación hay que confirmar que se dispone de espacio suficiente en la instancia ASM del host de destino.

```
[oracle@linux]  export ORACLE_SID=+ASM

[oracle@linux] sqlplus "/as sysasm"

SQL> select NAME
  2        ,STATE
  3        ,TOTAL_MB
  4        ,FREE_MB
  5  from v$asm_diskgroup;

NAME                                 STATE       TOTAL_MB    FREE_MB
------------------------------------ ----------- ----------  ----------
DGROUP2                              MOUNTED          976          3
DGROUP3                              MOUNTED         4882       4830
```

Comparando el resultado obtenido en el paso 2 con el resultado que acabamos de obtener, se puede ver como disponemos de espacio suficiente en el diskgroup DGROUP3. En caso de que no hubiese espacio suficiente sería necesario añadir más discos a uno de los diskgroups existentes o bien crear un nuevo diskgroup con espacio suficiente antes de poder continuar con la duplicación.

Paso 4. Asegurarse que el backup realizado esté disponible para la duplicación.

Una vez finalizó satisfactoriamente el backup completo realizado en el paso 1, es necesario copiar todos los archivos que componen el backup completo (backup de la base de datos, archivado y current controlfile) del host origen al host destino en la ruta /backups/PROD que previamente se habrá creado en el host destino. Si el backup se copia en otra ruta distinta a la ruta origen o falta alguno de los archivos que conforman el backup, no se podrá realizar la restauración.

A continuación se muestra como obtener un listado completo de todos los archivos de backup y se destaca en negrita el nombre del archivo de backup.

```
[oracle@linux] export ORACLE_SID=PROD
```

```
[oracle@linux] rman target=/ catalog=rman/rman@RMAN

RMAN> list backup;
BS Key  Type LV Size Device Type Elapsed Time Completion Time
------- ---- ------- ----------- ------------ -------------------
22      Full 529M    DISK        00:00:51     2016/05/16 11:12:54
BP Key: 22 Status: AVAILABLE Compressed: NO Tag: TAG20160516T111203
Piece Name: /backups/PROD/df_t590584323_s23_p1
List of Datafiles in backup set 22
File LV Type Ckp SCN Ckp Time           Name
------- ---- ------- ------------------- --------------------------
1       Full 1393845 2016/05/16 11:12:03 /oradata/PROD/system01.dbf
2       Full 1393845 2016/05/16 11:12:03 /oradata/PROD/undotbs01.dbf
3       Full 1393845 2016/05/16 11:12:03 /oradata/PROD/sysaux01.dbf
4       Full 1393845 2016/05/16 11:12:03 /oradata/PROD/users01.dbf

BS Key  Type LV Size Device Type Elapsed Time Completion Time
------- ---- ------- ----------- ------------ -------------------
24 48M DISK 00:00:06 2016/05/16 11:13:07
BP Key: 24 Status: AVAILABLE Compressed: NO Tag: TAG20160516T111301
Piece Name: /backups/PROD/al_t590584381_s25_p1
List of Archived Logs in backup set 24
Thrd Seq Low SCN Low Time             Next       SCN Next Time
---- ------- ------- ------------------- -------- -------------------
1    78      1344750 2016/05/15 04:55:34 1353208  2016/05/15 10:00:19
1    79      1353208 2016/05/15 10:00:19 1353213  2016/05/15 10:00:20
1    80      1353213 2016/05/15 10:00:20 1371564  2016/05/15 22:00:11
1    81      1371564 2016/05/15 22:00:11 1373291  2016/05/15 22:00:59
1    82      1373291 2016/05/15 22:00:59 1381066  2016/05/16 03:00:05
1    83      1381066 2016/05/16 03:00:05 1390685  2016/05/16 09:03:00
1    84      1390685 2016/05/16 09:03:00 1393870  2016/05/16 11:13:00
1    85      1393870 2016/05/16 11:13:00 1393929  2016/05/16 11:13:00
```

Paso 5. Crear un archivo init.ora y los directorios de administración para la base de datos duplicada.

Antes de comenzar la restauración de la instancia de base de datos duplicada, en el host destino es necesario crear un archivo de parámetros initAUX.ora y ubicarlo en el path $ORACLE_HOME/dbs para posteriormente poder levantar los procesos del motor Oracle. Así mismo, también es necesario crear en la ruta de administración del path ORACLE_BASE los directorios que contendrán los archivos de trazas con el fin de evitar errores cuando se proceda a levantar los procesos de Oracle de la nueva instancia de base de datos.

```
# +----------------------------------------+
# | FILE : initAUX.ora                     |
# | DATABASE NAME : AUX                    |
# +----------------------------------------+

# Definir la ubicación de los archivos de traza y nombre de la base de datos e instancia
audit_file_dest = /oracle/admin/AUX/adump
background_dump_dest = /oracle/admin/AUX/bdump
core_dump_dest = /oracle/admin/AUX/cdump
user_dump_dest = /oracle/admin/AUX/udump
db_name = "AUX"
instance_name = AUX

# Definir la ubicación del archivo de control.
control_files = +DGROUP2/control01.ctl

# Definir la ubicación de todos los datafiles y archivos de redolog que van a ser
clonados
```

```
# y el diskgroup ASM al que se moverán
db_file_name_convert = ("/oradata/AUX", "+DGROUP3")
log_file_name_convert = ("/oradata/AUX", "+DGROUP3")

#Definir los mismos parámetros que contiene la base de datos de producción
undo_management = AUTO
undo_retention = 10800
undo_tablespace = UNDOTBS1
db_block_size = 8192
compatible = 12.1.0.1.0
```

Una vez creado el archivo de parámetros initAUX.ora se levantará la instancia AUX en modo nomount.

[oracle@linux]export ORACLE_SID=AUX

[oracle@linux] sqlplus "/as sysdba"

SQL> startup nomount;

Paso 6. Asegurar que las conexiones SQL*NET entre la base de datos primaria y el catálogo de RMAN funcionan correctamente.

Asegurar que las instancias de base de datos PROD y RMAN están abiertas o al menos en modo mount. A continuación chequear las conexiones SQL*NET desde el host de destino realizando una conexión básica con sqlplus. Una vez establecida la primera conexión, salir de sqlplus y probar la siguiente conexión.

[oracle@linux] sqlplus sys/oracle@PROD as sysdba

[oracle@linux] sqlplus rman/rman@RMAN

Paso 7. Preparar el script RMAN de duplicación.

En el host de destino, crear un script para RMAN al cual llamaremos cr_duplicate.rcv.

```
RUN {

allocate auxiliary channel C1 device type disk;

duplicate target database to AUX;

}
```

Paso 8. Ejecutar el script de RMAN.

Para ejecutar el script creado en el paso anterior es necesario conectar a RMAN indicando la cadena de conexión de la instancia a clonar u origen, la cadena de conexión del catálogo de RMAN y la cadena de conexión de la instancia clonada o destino. Una vez se ha establecido la conexión a RMAN, ejecutar el script creado en el paso anterior.

`[oracle@linux]` export ORACLE_SID=AUX

`[oracle@linux]` rman target sys/Tu.p4SSw0rd@PROD catalog rman/rman@rman auxiliary /

`RMAN>` @cr_duplicate.rcv

Flashback con RMAN.

En esta sección se muestra como realizar un flashback con RMAN.

Flashback de una base de datos a un SCN específico.

El siguiente ejemplo muestra cómo realizar un FLASHBACK DATABASE a un SCN (Sequence Change Number) específico.

En primer lugar hay que obtener el SCN más antiguo que haya almacenado en el flashback.

```
[oracle@linux] export ORACLE_SID=PROD

[oracle@linux] sqlplus "/as sysdba"

SQL> SELECT OLDEST_FLASHBACK_SCN, OLDEST_FLASHBACK_TIME FROM V$FLASHBACK_DATABASE_LOG;

OLDEST_FLASHBACK_SCN OLDEST_FLASHBACK
-------------------- ----------------
                 410 2016/05/14 11:26

SQL> exit;
```

A continuación accedemos a RMAN desde la misma ventana terminal que tenemos para acceder a la instancia.

```
[oracle@linux] rman target / catalog rman/rman@rman

RMAN> SHUTDOWN IMMEDIATE
RMAN> STARTUP MOUNT
RMAN> FLASHBACK DATABASE TO SCN 410;

Starting flashback at 15-MAY-16
allocated channel: ORA_DISK_1
channel ORA_DISK_1: SID=65 device type=DISK


starting media recovery
media recovery complete, elapsed time: 00:00:07

Finished flashback at 15-MAY-16

RMAN> ALTER DATABASE OPEN RESETLOGS;
```

Flashback de una base de datos de un punto de restauración.

El siguiente ejemplo muestra cómo realizar un FLASHBACK DATABASE de un punto de restauración específico.

En primer lugar hay que realizar el punto de restauración.

```
[oracle@linux] export ORACLE_SID=PROD
[oracle@linux] sqlplus "/as sysdba"
SQL> CREATE RESTORE POINT paso_produccion_32 GUARANTEE FLASHBACK DATABASE;
SQL> exit;
```

A continuación accedemos a RMAN desde la misma ventana terminal que tenemos para acceder a la instancia.

```
[oracle@linux] rman target / catalog rman/rman@rman

RMAN> LIST RESTORE POINT ALL;

SCN              RSP Time  Type       Time      Name
---------------- --------- ---------- --------- ----
412                        GUARANTEED 16-MAY-16 PASO_PRODUCCION_32

RMAN> SHUTDOWN IMMEDIATE
RMAN> STARTUP MOUNT
RMAN> FLASHBACK DATABASE TO RESTORE POINT 'PASO_PRODUCCION_32';

Starting flashback at 16-MAY-16
allocated channel: ORA_DISK_1
channel ORA_DISK_1: SID=65 device type=DISK

starting media recovery

archived log for thread 1 with sequence 12 is already on disk as file
/disk2/oracle/oradata/prod/arch/archive1_12_614598462.dbf
media recovery complete, elapsed time: 00:00:01
Finished flashback at 16-MAY-16

RMAN> ALTER DATABASE OPEN RESETLOGS;
```

Eliminación de backups.

Esta sección muestra con ejemplos como eliminar los backups realizados con RMAN.

Eliminar backups expirados.

En el siguiente ejemplo utilizamos un canal sobre la unidad de cinta `sbt` para chequear cuales son los backups expirados desde hace más de un mes sobre el tablespace `DATOS` para eliminarlos posteriormente.

```
[oracle@linux] export ORACLE_SID=PROD

[oracle@linux] rman target=/ catalog=rman/rman@RMAN

RMAN> CROSSCHECK BACKUPSET OF TABLESPACE datos DEVICE TYPE sbt COMPLETED BEFORE 'SYSDATE-
31';
RMAN> DELETE NOPROMPT EXPIRED BACKUPSET OF TABLESPACE datos DEVICE TYPE sbt
2> COMPLETED BEFORE 'SYSDATE-31';
```

Eliminar backups obsoletos.

En el siguiente ejemplo se eliminan los backups y sus copias que ya no son necesarias para recuperar la base de datos en la última semana.

```
[oracle@linux] export ORACLE_SID=PROD

[oracle@linux] rman target=/ catalog=rman/rman@RMAN

RMAN> DELETE NOPROMPT OBSOLETE RECOVERY WINDOW OF 7 DAYS;
```

Eliminar backups de archivado.

En el siguiente ejemplo se eliminan los backups de archivado que ya no son necesarios para cumplir la política de borrado que tengamos configurada. Para realizar el ejemplo asumimos la siguiente configuración:

```
CONFIGURE DEFAULT DEVICE TYPE TO sbt;
CONFIGURE ARCHIVELOG DELETION POLICY TO BACKED UP 2 TIMES TO DEVICE TYPE sbt;
```

```
[oracle@linux] export ORACLE_SID=PROD

[oracle@linux] rman target=/ catalog=rman/rman@RMAN

RMAN> DELETE ARCHIVELOG ALL;


allocated channel: ORA_DISK_1
channel ORA_DISK_1: SID=32 device type=DISK

List of Archived Log Copies for database with db_unique_name PROD
=====================================================================

Key     Thrd Seq     S Low Time
------- ---- ------- - ---------
107     1    4       A 16-MAY-16
        Name: /orcva/PROD/archivelog/2016_05_16/o1_mf_1_4_2x28bpcm_.arc
108     1    5       A 16-MAY-16
        Name: /orcva/PROD/archivelog/2016_05_16/o1_mf_1_5_2x28g7s9_.arc
109     1    6       A 16-MAY-16
        Name: /orcva/PROD/archivelog/2016_05_16/o1_mf_1_6_2x3bbqym_.arc
157     1    7       A 16-MAY-16
        Name: /orcva/PROD/archivelog/2016_05_16/o1_mf_1_7_2x3w2cvs_.arc
164     1    8       A 16-MAY-16
        Name: /orcva/PROD/archivelog/2016_05_16/o1_mf_1_8_2x3w40vr_.arc
171     1    9       A 16-MAY-16
        Name: /orcva/PROD/archivelog/2016_05_16/o1_mf_1_9_2x3w8pf7_.arc
318     1    10      A 16-MAY-16
        Name: /orcva/PROD/archivelog/2016_05_16/o1_mf_1_10_2x3zx6d9_.arc
330     1    11      A 16-MAY-16
        Name: /orcva/PROD/archivelog/2016_05_16/o1_mf_1_11_2x403wco_.arc
448     1    12      A 16-MAY-16
        Name: /orcva/PROD/archivelog/2016_05_16/o1_mf_1_12_2x40wn6x_.arc
455     1    13      A 16-MAY-16
        Name: /orcva/PROD/archivelog/2016_05_16/o1_mf_1_13_2x412s3m_.arc
583     1    14      A 16-MAY-16
        Name: /orcva/PROD/archivelog/2016_05_16/o1_mf_1_14_2x428p9d_.ar
638     1    15      A 16-MAY-16
        Name: /orcva/PROD/archivelog/2016_05_16/o1_mf_1_15_2x42f0gj_.arc

Do you really want to delete the above objects (enter YES or NO)?
```

Forzar la eliminación de un backup.

En el siguiente ejemplo se forzará la eliminación un backup cuyos objetos sabemos que ya no están disponibles en la unidad de almacenamiento pero siguen estando catalogados en RMAN.

```
[oracle@linux] export ORACLE_SID=PROD

[oracle@linux] rman target=/ catalog=rman/rman@RMAN

RMAN> DELETE FORCE NOPROMPT BACKUPSET TAG bk_semanal;

using channel ORA_SBT_TAPE_1
using channel ORA_DISK_1

List of Backup Pieces
BP Key  BS Key  Pc# Cp# Status      Device Type Piece Name
------- ------- --- --- ----------- ----------- ----------
613     605     1   1   AVAILABLE   SBT_TAPE    9jmr44kt_1_1
deleted backup piece
backup piece handle=9jmr44kt_1_1 RECID=21 STAMP=439270318
Deleted 1 objects
```

Eliminar una base de datos y sus backups.

En este ejemplo se eliminará la base de datos TEST que se encuentra registrada en nuestro catálogo de RMAN junto con todos sus backups.

```
[oracle@linux] export ORACLE_SID=TEST

[oracle@linux] rman target=/ catalog=rman/rman@RMAN

RMAN> STARTUP FORCE MOUNT;
RMAN> SQL 'ALTER SYSTEM ENABLE RESTRICTED SESSION';
RMAN> DROP DATABASE INCLUDING BACKUPS NOPROMPT;
```

Multitenant.

En esta sección se muestran ejemplos de los backups y las restauraciones realizadas sobre bases datos de tipo CDB y de sus PDBs.

Antes de entrar a ver en detalle estos ejemplos, hay que indicar que la única diferencia entre una base de datos "tradicional" y una base de datos de tipo container database (CDB) es que esta última contiene una o más pluggables databases (PDBs).

Backup completo.

Este tipo de backup realiza una copia completa de la base de datos CDB incluyendo las PDBs, pudiéndose especificar que se incluya también los archivados que se generen desde que comienza el backup hasta que finaliza el mismo y el fichero de parámetros de la base de datos.

```
[oracle@linux] export ORACLE_SID=PROD
[oracle@linux] rman target=/ catalog=rman/rman@RMAN
RMAN> backup database spfile plus archivelog;
```

Backup una container database (CDB).

Si queremos que nuestro backup no incluya las PDBs, RMAN nos permite realizar un backup de nuestra base de datos CDB excluyendo las PDBs. El siguiente ejemplo muestra cómo realizarlo.

```
[oracle@linux] export ORACLE_SID=PROD
[oracle@linux] rman target=/ catalog=rman/rman@RMAN
RMAN> backup database root;
```

Backup de una pluggable database (PDB)

El siguiente ejemplo muestra cómo realizar un backup de una PDB.

```
[oracle@linux] export ORACLE_SID=PROD
```

```
[oracle@linux] rman target=/ catalog=rman/rman@RMAN
RMAN> BACKUP pluggable database PDB_GEOPRE;
```

Backup de dos o más pluggables databases (PDBs)

Oracle RMAN permite realizar backups de dos o más PDBs de forma simultánea, el único requisito es que todas las PDB de las que se quiera hacer backup estén ubicadas en el mismo contenedor CDB. Para realizar el backup de más de una PDB, tan solo es necesario añadirla después de la última PDB y separarlas por comas. El siguiente ejemplo muestra cómo realizar un backup de dos o más PDB.

```
[oracle@linux] export ORACLE_SID=PROD
[oracle@linux] rman target=/ catalog=rman/rman@RMAN
RMAN> BACKUP pluggable database PDB_GEOPRE, PDB_GEOFOR, PDB_GEOTEST;
```

Backup de tablespaces de una o más pluggables databases (PDBs)

El siguiente ejemplo muestra cómo realizar un backup de uno o más tablespaces pertenecientes a una o más PDBs. En este caso concreto se realiza el backup de dos tablespaces de la base de datos PDB_GEOPRE y de un tablespace de la base de datos PDB_GEOFOR.

```
[oracle@linux] export ORACLE_SID=PROD
[oracle@linux] rman target=/ catalog=rman/rman@RMAN
RMAN> BACKUP TABLESPACE PDB_GEOPRE:users, PDB_GEOPRE:system, PDB_GEOFOR:users;
```

Recuperación completa.

El siguiente ejemplo muestra los comandos de recuperación de un backup completo (CDB y todas las PDBs).

```
[oracle@linux] export ORACLE_SID=PROD
[oracle@linux] rman target=/ catalog=rman/rman@RMAN
RMAN> restore database;
RMAN> recover database;
```

Recuperación de una container database (CDB).

El siguiente ejemplo muestra los comandos de recuperación de una CDB sin incluir sus PDBs.

```
[oracle@linux] export ORACLE_SID=PROD
[oracle@linux] rman target=/ catalog=rman/rman@RMAN
RMAN> restore database root;
RMAN> recover database root;
```

Recuperación de una pluggable database (PDB).

Con los siguientes comandos se realizará una recuperación completa de una PDB.

```
[oracle@linux] export ORACLE_SID=PROD
[oracle@linux] rman target=/ catalog=rman/rman@RMAN
RMAN> alter pluggable database PDB_GEOPRE close;
RMAN> restore pluggable database PDB_GEOPRE;
RMAN> recover pluggable database GEOPRE;
RMAN> alter pluggable database PDB_GEOPRE open;
```

Recuperación de dos o más pluggable databases (PDBs).

Con los siguientes comandos se realizará la recuperación completa de dos o más PDBs.

```
[oracle@linux] export ORACLE_SID=PROD
[oracle@linux] rman target=/ catalog=rman/rman@RMAN
RMAN> alter pluggable database PDB_GEOPRE, PDB_GEOFOR close;
RMAN> restore pluggable database PDB_GEOPRE, PDB_GEOFOR;
RMAN> recover pluggable database GEOPRE, PDB_GEOFOR;
RMAN> alter pluggable database PDB_GEOPRE, PDB_GEOFOR open;
```

Recuperación de tablespaces de una Pluggable Database (PDB).

El siguiente ejemplo muestra cómo realizar una recuperación de tablespaces pertenecientes a una PDB. Debido a que existe la posibilidad de conflictos con los nombres de los tablespaces, solo es posible recuperar tablespaces cuando se ha conectado directamente a la PDB, no estando permitida su recuperación desde la CDB.

En este caso concreto se realiza la recuperación del tablespace `users` de la base de datos `PDB_GEOPRE`.

```
[oracle@linux] rman target=sys@pdb_geopre catalog=rman/rman@RMAN

RMAN> ALTER TABLESPACE users offline;
RMAN> RECOVER TABLESPACE users;
RMAN> RESTORE TABLESPACE users;
RMAN> ALTER TABLESPACE users online;
```

Recuperación de tablespaces de una Pluggable Database (PDB) cambiando el nombre del tablespace.

El siguiente ejemplo muestra cómo realizar una recuperación de tablespaces pertenecientes a una PDB cambiándole el nombre. En este caso concreto se realiza el recover del tablespace `users` de la base de datos `PDB_GEOPRE` y se renombra por `users2`. Hay que tener en cuenta que solo puede utilizarse esta opción con tablespaces que contengan tablas o particiones de tablas, y que las constraints y los índices no serán recuperadas al utilizar la opción REMAP TABLESPACE.

```
[oracle@linux] export ORACLE_SID=PROD

[oracle@linux] rman target=/ catalog=rman/rman@RMAN

RMAN> RECOVER TABLESPACE PDB_GEOPRE:users REMAP TABLESPACE users:users2;
```

Recuperación de tablas en diferente tablespace.

El siguiente ejemplo muestra cómo recuperar una tabla en un tablespace diferente al tablespace donde se realizó el backup. En este caso se van a recuperar las tablas `usuarios` y `login` del tablespace `DATA` en el tablespacespace `GEO_DATA` conectando directamente a la PDB.

```
[oracle@linux] rman target=sys@pdb_geopre catalog=rman/rman@RMAN

RMAN> RECOVER TABLE geouuser.usuarios, geouser.login until scn 4427
2> AUXILIARY DESTINATION '/oracle/recover'
3> REMAP TABLESPACE 'DATA':'GEO_DATA';
```

Recuperación y renombrado de tablas.

A continuación se muestra cómo recuperar una tabla cambiándole el nombre.

```
[oracle@linux] rman target=sys@pdb_geopre catalog=rman/rman@RMAN

RMAN> RECOVER TABLE geouser.login until scn 4427
2> AUXILIARY DESTINATION '/oracle/recover'
3> REMAP TABLE
4> 'GEOUSER'.'LOGIN':'LOGIN_RECUPERADA';
```

Recuperación de una o varias de tablas en un esquema diferente.

El siguiente ejemplo muestra cómo recuperar una tabla en un esquema diferente.

```
[oracle@linux] rman target=sys@pdb_geopre catalog=rman/rman@RMAN

RMAN> RECOVER TABLE geouser.login until scn 4427
2> AUXILIARY DESTINATION '/oracle/recover'
3> REMAP TABLE
4> 'GEOUSER'.'LOGIN':'GEOSUER_RECU'.'LOGIN';
```

En caso de querer realizar la misma operación con varias tablas o esquemas, deberán separarse por comas.

```
[oracle@linux] rman target=sys@pdb_geopre catalog=rman/rman@RMAN

RMAN> RECOVER TABLE geouser.login, geouser.usuarios until scn 4427
2> AUXILIARY DESTINATION '/oracle/recover'
3> REMAP TABLE
4> 'GEOUSER'.'LOGIN':'GEOSUER_RECU1'.'LOGIN',
5> 'GEOUSER'.'LOGIN':'GEOSUER_RECU2'.'LOGIN',
6> 'GEOUSER'.'USUARIOS':'GEOSUER_RECU2'.'USUARIOS';
```

Recuperación y renombrado de particiones de tablas.

A continuación se muestra como recuperar varias particiones de una tabla almacenando los datos en una nueva tabla. En este caso se va a proceder a pasar a histórico particiones antiguas de la tabla login de la pluggable database PDB_GEOPRE. Para ello conectamos directamente a la pluggable database, realizamos la recuperación almacenado los datos en la tabla de histórico y eliminamos dichas particiones de la tabla.

```
[oracle@linux] rman target=sys@pdb_geopre catalog=rman/rman@RMAN

RMAN> RECOVER TABLE geouser.login:P2012 until scn 4427
2> AUXILIARY DESTINATION '/oracle/recover'
3> REMAP TABLE
4> 'GEOUSER'.'LOGIN':'P2012':'HIST_LOGIN_2012';


[oracle@linux] sqlplus sys@pdb_geopre

SQL> ALTER TABLE geouser.login drop partition P2012;
```

Recuperación de una o varias particiones de tablas en un esquema diferente.

El siguiente ejemplo muestra cómo recuperar una o varias particiones de tabla en un esquema diferente.

```
[oracle@linux] rman target=sys@pdb_geopre catalog=rman/rman@RMAN

RMAN> RECOVER TABLE geouser.login:p2015 until scn 4427
2> AUXILIARY DESTINATION '/oracle/recover'
3> REMAP TABLE
4> 'GEOUSER'.'LOGIN':'P2015':'GEOSUER_RECU'.'LOGIN_P2015';
```

En caso de querer realizar la misma operación con varias tablas o esquemas, deberán separarse por comas.

```
[oracle@linux] rman target=sys@pdb_geopre catalog=rman/rman@RMAN

RMAN> RECOVER TABLE geouser.login:p2015 until scn 4427
2> AUXILIARY DESTINATION '/oracle/recover'
3> REMAP TABLE
4> 'GEOUSER'.'LOGIN':'P2015':'GEOSUER_RECU'.'LOGIN_P2015',
5> 'GEOUSER'.'LOGIN':'P2015':'GEOSUER_RECU2'.'LOGIN_P2015';
```

Flashback de una pluggable database (PDB) en un punto en el tiempo.

En este ejemplo vamos a realizar un flashback de una PDB utilizando un punto de restauración.

Atención: Este tipo de flashback solo es válido desde la versión 12.2 en adelante y el parámetro COMPATIBLE debe tener como valor 12.2.0.1 o superior.

Primero realizaremos un punto de restauración desde SQL*Plus conectados directamente a la PDB.

```
[oracle@linux] sqlplus sys@pdb_geopre

SQL> CREATE RESTORE POINT pr_pdb_geopre_antes_upgrade GUARENTEE FLASHBACK DATABASE;

SQL> SELECT name, guarantee_flashback_database, pdb_restore_point, con_id
FROM v$restore_point;

NAME                        GUARANTEE_FLASHBACK_DATABASE PDB_RESTORE_POINT  CON_ID
--------------------------- ---------------------------- -----------------  ------
PR_PDB_GEOPRE_ANTES_UPGRADE YES                          YES                0
```

A continuación y ya desde RMAN, realizaremos el flashback. Para ello previamente es necesario parar la CDB y levantarla en modo MOUNT.

```
[oracle@linux] export ORACLE_SID=PROD

[oracle@linux] rman target=/ catalog=rman/rman@RMAN

RMAN> SHUTDOWN IMMEDIATE;
RMAN> STARTUP MOUNT;
RMAN> FLASHBACK PLUGGABLE DATABASE pdb_geopre TO
2> RESTORE POINT pr_pdb_geopre_antes_upgrade
3> AUXILIARY DESTINATION '/temp/aux_dest';
RMAN> ALTER PLUGGABLE DATABASE pdb_geopre OPEN RESETLOGS;
```

Glosario de términos.

En esta sección el lector va a encontrar, descrito y ordenado alfabéticamente, el significado de todos los términos técnicos y propios de la aplicación que han aparecido en este libro. De esta forma se tendrá un acceso más rápido y directo a los significados en el momento en el que se necesite su consulta.

Aplicación. Software que, en este caso, precisa conectarse a una base de datos para interactuar con su información.

Archivado. Proceso perteneciente a una instancia de base de datos que se ejecuta en segundo plano y que se encarga de realizar la copia de un redolog online en un archivelog.

Archivelog. Copia física de uno de los archivos de redolog online de la base de datos.

Archivo de traza. Archivo que contiene información sobre eventos ocurridos en la base de datos. Un ejemplo de archivo de traza es el archivo alert_SID.log donde se reflejan entre otros los cambios de SCN, los cambios de redolog, los errores importantes, la parada o inicio de la instancia, etc.

ASM. Acrónimo de Automatic Storage Management, es una instancia especial de base de datos que se encarga únicamente del almacenamiento de los archivos de datos, de parámetros y archivado de una base de datos. ASM no utiliza archivos de sistema operativo, sino que utiliza discos o particiones RAW, por este motivo la administración de las particiones y archivos es una tarea exclusiva de ASM sin que tenga que intervenir el sistema operativo. ASM utiliza grupos de discos para crear los diskgroups y crear así la estructura o path donde organizar los archivos de la base de datos. ASM puede ser utilizado tanto en instalaciones de tipo Single Instance como instalaciones de tipo RAC.

Backup. Ver copia de seguridad.

Backup lógico. Copia de seguridad consistente en la lectura de la información y su posterior volcado a un fichero nuevo. Este tipo de backup solo se puede realizar en caliente ya que es necesario acceder a los datos de la base de datos para obtener la información que se quiere salvaguardar.

Backup físico. Copia de seguridad de uno o más archivos de una base de datos. Existen dos tipos de backups físicos:

- Caliente. Copia de seguridad que no requiere parar los procesos que la instancia de base de datos ejecuta en el sistema operativo para poder hacer una copia de los ficheros.
- Frio. Copia de seguridad física que necesita que estén totalmente parados los procesos que ejecuta la instancia de base de datos en el sistema operativo del servidor para poder realizar la copia de los ficheros.

Backuppiece. Es un archivo o pieza, de un tamaño prefijado en la configuración, perteneciente a un backup y que contiene almacenada la información en formato binario de uno o más archivos de la instancia de base de datos, como pueden ser los datafiles, archivelogs, spfile o controlfiles. Dicho de forma más llana, es un archivo de tipo "contenedor" que guarda uno o más archivos de la base de datos en su interior. Una analogía podría ser un archivo comprimido tipo ZIP.

Backup piece. Ver backuppiece.

Base de datos. Conjunto de información perteneciente a un mismo contexto y que es almacenada para su posterior uso o tratamiento. Existen distintos tipos de base de datos como las relacionales, las documentales o las multidimensionales. Oracle Database pertenece al tipo de base de datos relacionales, que basa su funcionamiento en establecer relaciones entre los registros de diferentes tablas para poder organizar de forma más efectiva la información.

Bloque. Es el espacio de almacenamiento físico más pequeño que utiliza Oracle en sus ficheros físicos y en la memoria. Puede tener un tamaño de 8kb, 16kb o 32kb, el cual es configurado en el momento de la creación de la base de datos.

Bloque corrupto. Es el estado en el que se encuentra un bloque de uno o más archivos de la base de datos después de haber sufrido un problema como una caída abrupta de la instancia, o un problema de disco, que impide acceder de forma correcta a la información almacenada en ese bloque.

Campo. Unidad o trozo de información más pequeño que puede almacenarse en una base de datos para almacenar un dato en particular. Por ejemplo, un campo sería una fecha de nacimiento, o un número de cliente, o el nombre de un artículo, o el precio de venta, o un número de teléfono. Un único campo o un conjunto de ellos siempre formarán parte de la información de un único registro.

Copia de seguridad. Respaldo o salvaguarda de la información contenida en una base de datos para poder ser utilizada en caso de necesidad o desastre.

Crosscheck. Comando de RMAN que sirve para comparar y chequear el contenido del catálogo para una instancia de base de datos, con el backup físico almacenado en disco o cinta. El comando puede mostrar tres estados diferentes para los backups:

- EXPIRED. El backup no se encuentra físicamente en el medio de almacenamiento donde se realizó originalmente.
- OBSOLETE. El backup se encuentra físicamente en el medio de almacenamiento donde se realizó originalmente, pero ha rebasado el tiempo de retención asignado en la configuración de RMAN.
- AVAILABLE. El backup se encuentra físicamente en el medio de almacenamiento donde se realizó originalmente y está dentro del periodo de retención configurado.

Datafile. Archivo de la base de datos que almacena físicamente los datos pertenecientes a uno o más objetos de la base de datos, como tablas, índices, etc. Un datafile pertenece siempre a un único tablespace.

Dataguard. Software de Oracle que ayuda a mantener bases de datos standby o secundarias como repositorios alternativos y/o complementarios a la producción con bases de datos primarias.

DBA. Acrónimo inglés que significa DataBase Administrator o Administrador de Bases de Datos.

DB_UNIQUE_NAME. Parámetro de una instancia de base de datos que contiene el nombre global y único de la base de datos. Aunque puede llegar a contener hasta 30 caracteres alfanuméricos, en instalaciones de tipo single instance suele coincidir con el SID de la instancia.

Directorio. Carpeta perteneciente a una ruta o path de un disco, filesystem o diskgroup, que permite organizar los archivos en un equipo informático. Por ejemplo en la ruta /oracle/product/12.1/db_1, oracle es un directorio, product es otro directorio, 12.1 es otro directorio y db_1 otro directorio.

Diskgroup. Nombre asignado a uno o más discos físicos en una instancia ASM, y que formará la parte raíz o inicial de la ruta o path donde se almacenarán los archivos físicos de la base de datos. Equivale a un filesystem en el caso de plataformas Unix/Linux o a una unidad de disco en plataformas de tipo Microsoft Windows.

Downgrade. Actualización del software de una aplicación a una versión anterior a la que poseía, como la de un motor de base de datos, o la de un catálogo de RMAN.

Encarnación. Es el punto de ruptura en la vida de una base de datos. Cuando una instancia de base de datos es iniciada por primera vez, genera un número de secuencia llamado SCN, cuyo valor va asignado entre otros a los redolog online y a los archivados. Cuando se produce una recuperación de una base de datos por cualquier motivo, se produce una ruptura en la vida de ésta y es necesario iniciar la base de datos con la opción "resetlogs", lo que implica un reseteo automático de la secuencia numérica del SCN. Cada vez que se inicia la base de datos en ese modo se crea automáticamente una encarnación, la cual nos va a indicar desde que punto en el tiempo y hasta que momento podremos recuperar una base de datos.

Endian. Es el orden en el que se utilizan los bytes dentro de una palabra digital. Las palabras digitales pueden estar representadas en formato big-endian o en formato little-endian. Cuando son almacenadas en formato big-endian, primero se almacena el byte más significativo y los siguientes lo hacen de forma decreciente hasta llegar al byte menos significativo, el cual es almacenado en último lugar. El formato Little-endian funciona justo al contrario que el formato big-endian, por lo que almacena primero el byte menos significativo y por último el más significativo.

Esquema de usuario. Nombre de un usuario bajo el cual son agrupados todos los objetos (tablas, índices, etc.) pertenecientes a un usuario de base de datos. En Oracle database, un usuario de base de datos y un esquema de usuario son sinónimos de una misma cosa.

Fichero de parámetros. Fichero que pertenece a una única instancia de base de datos y que es leído durante el inicio o arranque de la misma. Contiene los valores asignados a los parámetros de la instancia que son necesarios para el inicio de la instancia.

Filesystem. Sistema de almacenamiento de ficheros en sistemas operativos de tipo Unix/Linux.

Flashback. Permite a los administradores de bases de datos ver y manipular la información ocurrida en un punto en el tiempo anterior al actual en una instancia de base de datos, sin destruirla con una recuperación basada en el tiempo.

FRA. Acrónimo de Flash Recovery Area. Es un área de almacenamiento física que permite realizar operaciones de backup y recover de forma rápida por medio de un flashback. La FRA puede estar ubicada en un almacenamiento de tipo disco, filesystem, o diskgroup.

Función. Programa que normalmente admite una serie de argumentos o datos en su ejecución para realizar alguna tarea específica y devolver el resultado de esa tarea.

Host. Equipo informático que actúa como servidor y que está conectado a una red para ofrecer servicios determinados como base de datos, transferencia de archivos, etc.

Incarnation. Ver Encarnación.

init.ora. Fichero de parámetros de una instancia almacenado en formato de texto plano. Se puede modificar con cualquier editor de texto.

Instancia. Conjunto de SGA y procesos de sistema operativo necesarios para poder trabajar con la información almacenada en una base de datos. Una instancia solo puede existir en un único servidor, aunque un servidor puede contener una o más instancias de base de datos.

Kernel. También llamado núcleo, es un software que constituye una parte fundamental del sistema operativo, ya que es el responsable de priorizar y facilitar a los distintos programas acceso seguro al hardware del equipo informático.

Metadato. Es la forma con la que se denomina al conjunto de información o grupo de datos relacionados con otro conjunto de datos. En RMAN un metadato es la información necesaria para poder identificar y localizar los backups de una o más instancias de bases de datos. Esta información está almacenada en el catálogo de RMAN.

Motor de una base de datos. También llamado software de base de datos, es un conjunto de ficheros que son necesarios para poder hacer funcionar una base de datos y que pertenecen a una misma versión. Una base de datos, independientemente de su configuración, Single Instance o RAC, solo puede pertenecer a una misma versión del motor de base de datos, aunque una misma versión de un motor de base de datos puede hacer funcionar a una o más instancias de bases de datos.

Multiplexado. Es la forma de realizar dos o más operaciones de forma paralela mediante una única instrucción. En el caso de RMAN, la multiplexación se aplica a la hora de realizar un mismo backup almacenándolo de forma simultánea en dos o más ubicaciones distintas.

Oracle. Fabricante de software estadounidense, principalmente conocido por fabricar el motor de base de datos que lleva su nombre, Oracle Database.

ORACLE_BASE. Variable de entorno del sistema operativo que contiene la ruta o path a partir de la cual se almacenarán los archivos de traza, inventario del software de Oracle instalado en el servidor, y opcionalmente los archivos de datos de la base de datos.

ORACLE_HOME. Variable de entorno del sistema operativo que contiene la ruta o path donde se encuentra instalado el motor de la base de datos.

ORACLE_SID. Variable de entorno que contiene el SID de una instancia de una base de datos.

Path. Ruta completa formada por uno o más directorios, donde es almacenado uno o más archivos y/o carpetas. Por ejemplo la ruta unix/linux /oracle/product/12.1/db_1 contiene los archivos y carpetas pertenecientes al ORACLE_HOME del motor de Oracle Database 12cR1 o la ruta Microsoft Windows e:\backups podría contener los archivos correspondientes a los backups

Pfile. Ver fichero de parámetros.

PL/SQL. Unión de los acrónimos de Procedure Language y Structured Query Language. Es un lenguaje de programación de Oracle que permite mediante mecanismos de control, la programación de rutinas, procedimientos, funciones y disparadores agrupando sentencias escritas en lenguaje SQL. El código PL/SQL, opcionalmente puede ser almacenado en la base de datos en forma de procedimientos, funciones, paquetes o triggers.

Proceso. Programa independiente que se ejecuta en el sistema operativo de un equipo informático y que en este caso pertenece al software de Oracle instalado en el servidor realizando una tarea específica. Por ejemplo el proceso ARC de Oracle Database es el que se encarga de realizar el archivado de la base de datos. Una analogía que se podría utilizar para entenderlo mejor sería la siguiente: el proceso ARC es a Microsoft Word como Oracle Database es a Microsoft Office.

RAC. Acrónimo de Real Application Cluster. Básicamente es un conjunto de instancias que pertenecen a la misma base de datos y que se encuentran distribuidas en dos o más servidores, con el fin de ofrecer un mayor rendimiento a la vez que también se ofrece alta disponibilidad de la información. Una base de datos solo puede pertenecer a un RAC, pero un RAC puede contener una o más bases de datos.

Recovery Data Advisor. Herramienta de Oracle RMAN que busca y diagnostica de forma automática errores físicos en la base de datos. Esta herramienta crea un informe con las acciones apropiadas para corregir el problema o error descubierto, pudiendo ser ejecutadas directamente desde la propia consola de RMAN.

Parámetro. Nombre asignado a una variable utilizada para recibir valores y que en este caso es utilizada para que la instancia de base de datos se comporte de una forma determinada.

Partición. División lógica que, en este caso, se realiza sobre una tabla o índice para facilitar su administración y ofrecer mayor velocidad a la hora de consultar la información contenida en una tabla. Una partición o un conjunto de ellas, siempre pertenecerá a una misma tabla o índice.

Redolog Online. Archivo de la base de datos que contiene todas las instrucciones SQL que han sido confirmadas y que son necesarias para hacer una recuperación basada en el tiempo.

Registro. Es la agrupación lógica de la información individual contenida en uno o más campos. Por ejemplo un registro sería una ficha con todos los datos de un único cliente (número de cliente, nombre, apellidos,...), o de un único artículo (nombre, peso, forma, código de barras,...). Un único registro o un conjunto de ellos siempre formarán parte de una tabla.

RMAN. Es la herramienta de Oracle que se utiliza para realizar y recuperar copias de seguridad físicas y en caliente de bases de datos Oracle. El nombre proviene del acrónimo inglés de Recovery MANager.

Recover. Ver Restauración.

Restore. Ver Restauración.

Restauración. Recuperación de la información total o parcial de una base de datos, que está contenida en el conjunto de archivos o backuppieces pertenecientes a una copia de seguridad.

SCN. Acrónimo de Sequence Change Number. Es un número de secuencia que se incrementa en el momento en el que se produce un cambio en los datos de la base de datos. Internamente Oracle trata el SCN como un sello lógico, con una fecha y hora determinada, a la que le asigna un número de secuencia, de ésta forma, cuando necesitamos realizar una recuperación podremos especificar el número de SCN hasta el que queremos recuperar y Oracle internamente lo traducirá a una fecha y hora determinados.

Script. Archivo de texto que contiene un conjunto de ordenes o comandos necesarios para ejecutar una o más tareas.

Servidor. Equipo informático de gran potencia y capacidad tanto de procesamiento como de almacenamiento donde habitualmente se instalan aplicaciones como Oracle Database para poder tratar grandes cantidades de información. Un servidor puede contener uno o más motores de base de datos con independencia de su versión, y aunque no es habitual también puede contener varios motores de base de datos con la misma versión.

SGA. Acrónimo de System Global Area, o área global del sistema, es un conjunto de valores de parámetros que dan forma a la estructura más básica de la memoria utilizada en una instancia de base de datos. Es utilizada para facilitar la transferencia de información entre los usuarios, facilitando también el uso de la información más recientemente utilizada. Su tamaño depende directamente de la RAM que posea el equipo informático donde vaya a residir la instancia de base de datos.

Shell-Script. Script que es utilizado desde la línea de comandos de un sistema operativo.

SID. Acrónimo de System IDentificator. Es el nombre que se le ha asignado a una instancia de base de datos durante su creación. Aunque permite hasta 16 caracteres alfanuméricos para formarse, no se recomienda utilizar más de 8 caracteres alfanuméricos para hacerlos coincidir con el parámetro DB_NAME de la base de datos. No pude repetirse para otra instancia que resida en el mismo servidor.

Single Instance. Modo de configuración de una base de datos. Este tipo de base de datos solo puede dar servicio en el servidor donde ha sido instalado el motor de base de datos.

spfile. Fichero de parámetros de una instancia almacenado en formato binario. Solo es posible su modificación utilizando el comando alter database.

SQL. Acrónimo de Structured Query Language, es un lenguaje estándar en forma de comandos, mediante el cual podemos comunicarnos con una base de datos.

sqlplus. Herramienta perteneciente al motor de base de datos Oracle, que de forma interactiva permite ejecutar comandos o scripts, escritos en lenguaje SQL o PL/SQL, en una instancia de base de datos. Es la herramienta más utilizada por los DBA de Oracle para administrar las bases de datos Oracle.

Standby. Instancia de base de datos clonada físicamente en un servidor distinto al que contiene la instancia de base de datos origen o primaria.

SWAP. Filesystem especial que es utilizado para emular memoria RAM en plataformas Unix/Linux.

Tabla. Agrupación lógica donde se almacena la información perteneciente a uno o más registros. Como símil, una tabla podría ser el objeto que contiene todas las fichas de clientes, o de proveedores, o de artículos, etc. Una única tabla o un conjunto de ellas siempre serán almacenadas de forma lógica en un único tablespace.

Tablespace. Objeto de tipo lógico que se utiliza para agrupar o almacenar de forma lógica los distintos objetos de una base de datos, tales como tablas, índices, particiones, etc. Un tablespace siempre estará formado por uno o más datafiles.

Upgrade. Actualización del software de una aplicación a una versión posterior a la que poseía, como la de un motor de base de datos, o la de un catálogo de RMAN.

Usuario de base de datos. Nombre que se le da a un esquema de usuario, y mediante el cual se accede a una base de datos. Está protegido por contraseña, puede tener limitaciones de uso y consumo de recursos, también puede contener privilegios para interactuar con los objetos de otros esquemas de usuario. Un usuario de base de datos tiene todos los privilegios (lectura y escritura) únicamente sobre los objetos de su propio esquema de usuario.

Ventana horaria. Rango de horas contiguas disponibles para ejecutar una tarea determinada sin afectar a otras tareas que se estén ejecutando en ese mismo instante.

Versión. El software en general va evolucionando con el paso del tiempo, incluyendo nuevas funcionalidades o mejoras, por lo que necesita ser clasificado para conocer de una forma rápida y sencilla si disponemos o no de un software actualizado. Para poner nombre a esa clasificación, se les pone una numeración llamada versión. Básicamente, esta numeración está compuesta por una serie de números agrupados por la siguiente nomenclatura A.B.C.D..., donde A indica el número de versión o cambio más grande que se puede producir en el software, B indica un cambio importante y que normalmente se conoce como Release, C indica un cambio menor en el software y normalmente se incrementa cuando se agota la numeración de D, o posteriores si los hubiese, el cual nos indica el nivel de parche o mejora más pequeña que se ha aplicado al software. Por ejemplo existe la versión del motor de base de datos Oracle 10.2.0.5 conocida popularmente como Oracle Database 10gR2 o 10g Release 2 patchset 5, así mismo también existe la versión 11.2.0.1 conocida como Oracle Database 11gR2, aunque en este caso como su nivel de parcheo es el primero no se suele indicar el patchset. Observando la numeración de cada versión, podemos ver que ambas versiones son totalmente diferentes y que la versión 11gR2 es superior a la versión 10gR2.

Bibliografía.

Para realizar esta guía de ayuda, aparte de utilizar recursos y laboratorios propios, también se han obtenido procedimientos y scripts de las siguientes fuentes.

Documentación Oficial de Oracle Database (versiones 11g a 19c):

http://docs.oracle.com/en/database/database.html

Página Oracle Distilled:

http://www.oracledistilled.com

www.ingramcontent.com/pod-product-compliance
Lightning Source LLC
Chambersburg PA
CBHW071131050326
40690CB00008B/1426